LES 100 MEILLEURES RECETTES

cuisine simple et rapide

LINDA DOESER

p

© Copyright 2003
Parragon
Queen Street House
4 Queen Street
Bath BA1 1HE
Royaume-Uni

Conçu et réalisé par
The Bridgewater Book Company Ltd
Photographies : Ian Parsons

Copyright © Parragon 2004
pour l'édition française

Réalisation : *In*Texte
Traduction : Jean Fusi
Conseils : Sara Hesketh et Richard Green

ISBN : 1-40543-567-4

Imprimé en Malaisie

NOTE

Une cuillerée à soupe correspond à 15 à 20 g d'ingrédients secs et 15 ml
d'ingrédients liquides. Une cuillerée à café correspond à 3 à 5 g d'ingrédients secs
et 5 ml d'ingrédients liquides. Sans autres précisions, le lait est entier, les œufs sont
de taille moyenne et le poivre est du poivre noir fraîchement moulu.

Les temps indiqués dans les recettes ne sont donnés qu'à titre indicatif.
Les temps de préparation peuvent varier en fonction des techniques employées
et les temps de cuisson en fonction du four utilisé. Un four doit toujours
être préchauffé. En fonction des recettes, les temps de cuisson comprennent
les éventuels temps de réfrigération et de marinade.

Les valeurs nutritionnelles indiquées à chaque recette s'entendent par personne
ou par portion. Les calculs ne tiennent compte ni des ingrédients facultatifs,
ni des variantes et des suggestions de présentation.

Les recettes utilisant des œufs crus ou peu cuits sont déconseillés aux nourrissons,
aux personnes âgées, aux femmes enceintes, ainsi qu'aux personnes malades
ou convalescentes.

sommaire

introduction

Une vie active plus exigeante, plus de travail et de moins en moins de temps pour avoir le désir de préparer quotidiennement des plats compliqués : le recours aux plats tout prêts est pratique mais revient cher et, d'un point de vue diététique, n'est pas forcément idéal. Ce livre offre une mine de techniques, trucs et astuces permettant de réaliser des plats simples, savoureux, équilibrés et, pour la plupart, très économiques. Même si l'idée de cuisiner vous intimide un peu, vous y trouverez des recettes ultra simples qui vous feront passer pour un véritable cordon bleu. Pauvres en matières grasses, aussi digestes que nutritives, elles répondent aux exigences d'un mode de vie demandant beaucoup d'énergie et de vitalité. Prêts en quelques minutes, les plats vous laisseront le temps de vous asseoir tranquillement pour vous détendre autour d'un apéritif avant de passer à table. Faciles à suivre et illustrées étape par étape, les recettes de ce recueil sont naturellement chez elles dans les cuisines de tous les gens pressés.

Aucune recette ne demande de passer plus d'une demi-heure dans la cuisine avant de pouvoir mettre les pieds sous la table, et la plupart bien moins, ce qui vous laisse le temps de déguster vos créations, aussi bien seul qu'en famille ou entre amis. L'estimation du temps de préparation est indicative : les plus débutants auront peut-être besoin d'un peu plus de temps au début. Si la plupart des plats sont à servir immédiatement, quelques-uns gagneront à être préparés à l'avance et réfrigérés, ce qui est indiqué avec le temps de préparation.

La plupart des sauces et assaisonnements maison sont plus économiques que les produits industriels, beaucoup plus sains, et vous savez quels ingrédients ils contiennent. Préparer ses repas soi-même est un vrai bonheur. Votre santé comme celle de tous les membres de votre famille en bénéficiera. La cuisine n'est une activité ni salissante ni pénible. Ce livre vous donne la certitude que cuisiner au quotidien est une activité récréative pour toute la famille, et non une redoutable corvée supplémentaire à caser dans un emploi du temps déjà bien rempli.

les plats minute

Vous trouverez ici une recette adaptée à chaque occasion, que vous vouliez dîner seul rapidement avant de sortir ou nourrir une famille nombreuse aux activités variées, n'ayant ni le temps ni l'envie de vous soumettre au rituel du rôti du dimanche. Les plats d'origine asiatique, rapides à réaliser, sont de plus en plus appréciés. Vous retrouverez ici les valeurs sûres : toasts aux crevettes et sésame (*voir* p. 32) et bouchées thaïes dorées (*voir* p. 34), canapés sophistiqués à l'apéritif ou à servir en entrée. Se laissant littéralement mettre à toutes les sauces, les nouilles Singapour (*voir* p. 66), font un déjeuner idéal ou un dîner léger. Le sauté de porc (*voir* p. 90) ne fait pas exception à la renommée de rapidité de préparation et de cuisson des plats sautés.

Les menus chinois et asiatiques sont parfaits pour les réceptions, il est facile de préparer des petites quantités de différentes recettes afin que tous soient sûrs d'en trouver une à leur goût. Cuites dans très peu d'huile, elles sont conseillées à ceux qui surveillent leur ligne ou leur taux de cholestérol, et appréciées à tous les âges, des enfants difficiles aux grands-parents.

Le choix est vaste. Les moules parfumées thaïes (*voir* p. 145), par exemple, sont la simplicité même et valent largement leur coût lors d'une grande occasion, alors que le poulet à la chinoise (*voir* p. 106), aussi facile à faire qu'économique, est idéal pour les grandes familles.

Les plats traditionnels occidentaux ne sont pas oubliés, des soupes à base de fromage (*voir* p. 18) ou aux champignons (*voir* p. 22) à servir en entrée ou pour un repas léger, au poulet cordon bleu (*voir* p. 104) et au haddock façon finnoise (*voir* p. 121), qui feront de copieux plats principaux. Pour ceux qui n'ont pas le temps de faire des courses et n'ont jamais les ingrédients nécessaires, vous trouverez le gratin au thon (*voir* p. 70) et le toad in the hole sauce à l'oignon (*voir* p. 100). Le houmous (*voir* p. 40) et le guacamole (*voir* p. 41), savoureuses entrées nées respectivement au Liban et au Mexique, tiennent compagnie aux spaghettis carbonara (*voir* p. 60), au prosciutto aux figues (*voir* p. 44) ou à la mozzarella aux tomates (*voir* p. 45). Voilà d'excellents déjeuners en perspective, tout comme la salade niçoise au thon, frais ou en boîte (*voir* p. 48), délicieuse servie fraîche l'été.

Ne vous laissez pas impressionner par l'aspect raffiné des plats de fête, ils sont en fait très faciles à réaliser en soignant la disposition des ingrédients sur une assiette de présentation. Vous trouverez aussi des plats novateurs. Là encore, ne vous imaginez pas qu'ils demandent des préparations longues et fastidieuses. Tentez de nouvelles saveurs ou redécouvrez les classiques : voyez la salade russe (*voir* p. 56) ou la salade du chef (*voir* p. 54) en été ou pour un repas léger ; le tournedos Rossini (*voir* p. 84), le poulet teriyaki (*voir* p. 105) ou le poulet à l'estragon (*voir* p. 109) pour des plats plus consistants. Si vous aimez le poisson et les fruits de mer, que vous mangiez seul ou en bonne compagnie, pensez à la sole meunière (*voir* p. 128), au vivaneau Veracruz (*voir* p. 130) ou au poisson pané Cajun (*voir* p. 118), spécialité de Louisiane. Si vous désirez un peu plus d'exotisme, essayez les crevettes au curry thaï ou les crevettes de la Baltique (*voir* p.141).

Les desserts d'exception peuvent aussi être simples et rapides, osez ne pas vous restreindre aux sempiternelles glaces et fruits frais. Froids ou chauds, vous découvrirez une multitude de desserts simples, sains et savoureux. Le rafraîchissant dessert indien à la mangue (*voir* p. 148) s'impose après un curry épicé ou un plat sauté, c'est aussi un sympathique coupe-faim estival. Nombre de desserts, tels le sabayon (*voir* p. 154), et l'Alaska aux fraises (*voir* p. 161), dont le raffinement tend à faire croire que leur préparation demande beaucoup de temps et d'efforts, sont en fait si simples que vous aurez l'impression de tricher. Si vous aimez les fruits et appréciez les douceurs, essayez donc les fruits en papillotes (*voir* p. 158), le cheesecake express aux abricots (*voir* p. 166) ou les bananes flambées au sirop d'érable (*voir* p. 168).

Ce ne sont que quelques exemples : vous trouverez toujours le dessert qui mettra la touche finale à tous vos menus.

Astuces pour gagner du temps

De nombreuses ruses permettent de gagner du temps dans une cuisine. Associez-les et vous deviendrez un chef de la cuisine express. Les plats simples et rapides sont souvent d'autant plus diététiques que les techniques de cuisson préservent les qualités de leurs constituants, particulièrement celles des légumes.

Les méthodes de cuisson rapides ne datent pas d'aujourd'hui, de tout temps, les gens ont beaucoup travaillé. Dans certains endroits du globe, en Chine par exemple, le combustible a toujours manqué. Cette rareté a constitué une incitation supplémentaire au développement d'ustensiles de cuisson rapide comme le wok pour les sautés. Faire griller, frire ou revenir les aliments sont les techniques les plus efficaces pour préparer rapidement les nourritures en préservant leurs textures, leurs couleurs et leurs saveurs. Certaines viandes comme les steaks et côtelettes gagnent à être poêlés ou grillés, alors que d'autres, comme le blanc de poulet, supportent bien tous les modes de cuisson. Les cuissons pochées ou en papillote, autres options un peu moins rapides, conviennent bien aux volailles, aux poissons et aux fruits. Les recettes de cet ouvrage constituent de véritables guides de référence quant à la cuisson, la présentation et le service des mets.

Si vous êtes issu d'une culture privilégiant les plats longuement mijotés à feu doux ou les viandes agrémentées d'une garniture de légumes, ce livre vous amènera à revoir vos vieilles habitudes. Vous vous apercevrez qu'il est possible de bien manger sans être l'esclave de la cuisine. Les aliments cuisent beaucoup plus vite finement ciselés, coupés en dés, hachés ou râpés qu'entiers ou en gros morceaux, et se prêtent ainsi à des présentations plus agréables à regarder. De plus, les légumes conservent leurs qualités gustatives et leur texture.

Si tenir sa maison tout en travaillant et en nourrissant sa famille peut sembler relever de la gageure, il y a des moyens d'y parvenir sans pour autant renoncer à tout loisir. Les repas à plat unique sont une bonne solution. Ils occasionnent moins de vaisselle, moins de désordre donc moins de nettoyage, de plus la préparation est rapide. Si vous n'avez pas la chance d'avoir un lave-vaisselle, la fin du repas peut être un moment pénible devant l'évier alors que vous n'avez pas le temps, êtes fatigué et avez déjà autre chose à faire, alors pas plus d'une assiette par convive !

Souvent négligée, une des manières les plus élégantes de gagner du temps en cuisinant, est... d'éliminer la cuisson et de servir des produits crus. Les salades, rapides, simples et nutritives, s'imposent de plus en plus en plat principal ou comme accompagnement, simple question de dosage. Exploiter au maximum les crudités ne signifie pas pourtant en rester là. Beaucoup de légumes, dont les carottes râpées ou les haricots, se servent crus, mélangés à du poulet cuit ou à des pâtes. N'oubliez pas de les accompagner de pain de bonne qualité : bio, seigle, levain, complet ou baguette, le choix est vaste. Les fromages ne demandent pas ou peu de préparation. Ils permettent d'ajouter parfum, couleur, texture et volume à la plupart des plats. Les fromages râpés en sachets sont très pratiques, mais peut-être pas tout à fait aussi savoureux que ceux que l'on achète frais en petites quantités et que l'on râpe soi-même juste avant usage. C'est surtout vrai pour les fromages italiens, parmesan et pecorino, dont le parfum affirmé rehausse l'assaisonnement de certains plats.

Rappelez-vous que vous n'avez pas à réaliser dans votre cuisine les performances des chefs officiant à la télévision. La plupart d'entre nous sommes incapables de manier un couteau à découper à toute vitesse et ce n'est généralement pas nécessaire. Le jambon, le bacon, la ciboulette, le persil, les tomates séchées ou les anchois se hachent à l'aide de ciseaux de cuisine directement dans la casserole, économisant du temps et de la vaisselle.

Les conserves haut de gamme, en bocal ou en boîte, sont un apport inestimable pour la cuisine rapide : on peut préparer un déjeuner ou dîner réussi exclusivement à base de conserves.

Les tomates concassées, les mini-épis de maïs et les champignons émincés en boîte ou surgelés sont d'excellentes alternatives aux produits frais. Les différentes légumineuses en boîte, haricots, lentilles, pois et pois-chiches, très économiques, abrégeront considérablement le temps de préparation. Ajoutés à une salade, olives, câpres et anchois la rendent plus intéressante pour les papilles comme pour les pupilles. On peut aussi les hacher et les ajouter à de nombreuses préparations.

N'abusez pas des câpres, au goût fort et vinaigré. Les olives s'utilisent aussi bien en garniture que dans les plats. Toutes les variétés, noires ou vertes, garnies ou non, aux saveurs toutes différentes, méritent d'être essayées. Elles s'accordent bien avec le poisson, y compris le thon et le saumon en boîte qui serviront aussi de base à un repas léger. Il suffit de les égoutter et de les émietter. Thon, saumon, filets d'anchois, crabe et sardines en boîte sont indispensables dans votre placard. Vous en ferez un plat complet à eux seuls ou les associerez à des légumes pour offrir davantage de saveur, de couleurs ou enrichir le plat de protéines. Les sardines sont un peu grasses, mais leurs acides gras essentiels oméga-3 sont excellents pour la santé. Elles sont délicieuses juste sorties de la boîte, servies avec un plat de pommes de terre vapeur tièdes ou une salade. La plupart des noix se conservent bien dans une boîte fermée et font des garnitures simples et rapides, mais il vaut mieux les acheter en quantité limitée car elles risquent de rancir avec le temps. Les cacahuètes sont utiles pour la sauce saté ou certains plats, et vous ajouterez pignons, noisettes et noix de cajou durant la cuisson ou en parsèmerez les plats avant de servir.

On trouve facilement des légumes préparés en sachet. Ils vous feront gagner du temps quand vous avez des invités, surtout si la recette exige de découper des carottes en fines allumettes, de détailler le chou-fleur en fleurettes et autres travaux minutieux. La plupart des légumes, dont les carottes, les pois mange-tout, les mini-épis de maïs, les choux-fleurs et les salades sont délicieux crus. Il suffira de les sortir de leur emballage et de les disposer sur un plat de service pour qu'ils présentent bien. Ils seront parfaits associés à des sauces lors de réceptions.

Acheter des légumes déjà lavés et épluchés est un moyen de gagner du temps. Vous les trouverez quasiment au même prix que les variétés non préparées. Malheureusement dès qu'un légume est découpé, il commence à perdre ses qualités nutritives.

Des sauces prêtes à l'emploi modifieront la personnalité de nombre de plats ; l'ajout des condiments de table traditionnels n'est pas sans intérêt. Tentez la moutarde dans les recettes au bœuf ou au poulet. La plupart des condiments asiatiques agrémentent avec originalité les recettes venues d'autres continents. On en trouve une grande variété dans les magasins : sauces de soja, hoisin, sauce de poisson thaïe, sauces d'huître, aux prunes… La plupart de ces sauces exotiques sont très riches en goût, quelques gouttes suffisent. La sauce de soja claire, qui convient aux plats ne nécessitant pas de coloration supplémentaire, est plus légère et plus salée que sa sœur épaisse, plus sombre. Cette dernière, plus douce, donne un goût exotique aussi bien aux plats de légumes ou de nouilles qu'aux viandes. Évitez de saler les préparations auxquelles vous ajoutez de la sauce de soja. Originaire de Louisiane, le Tabasco sert à parfumer soupes, sauces et préparations braisées et leur donne plus ou moins de piquant, il vous dispense de hacher du piment frais, qu'il remplace avantageusement.

Les champignons séchés donnent beaucoup de goût aux autres produits, ce qui justifie leur coût. Les produits concentrés évitent d'avoir à faire réduire les sauces : les tomates, séchées et en concentré, le jus de citron en bouteille et les bouillons cube ou en poudre apportent tous leurs arômes sans augmenter les temps de préparation et de cuisson. Recherchez les bouillons cubes les moins salés possible, de préférence biologiques. Une petite quantité de concentré de tomates suffit pour bien colorer vos recettes et leur donner du goût. La pâte de tomates séchées, vendue en grandes surfaces, donne des sauces très parfumées. De couleur plus sombre que la purée de tomate ordinaire, sa saveur particulière, plus forte, invite à l'utiliser avec parcimonie. Si vous vous servez souvent de concentré de tomates (fraîches ou séchées), achetez-le en bocal ; sinon, comme il ne se conserve pas longtemps, préférez les tubes, qui seront plus économiques et gardez-le toujours au réfrigérateur.

Le coulis de tomate est une alternative aux tomates en boîte. Cette onctueuse purée de tomates passées sans pépins fait une excellente base pour les sauces et soupes. L'ajouter à des ragoûts et plats mijotés donne d'excellents résultats.

Les pâtes fournissent la base idéale pour nombre de plats. Elles cuisent vite et ne nécessitent pas de préparation. Les pâtes fraîches ne demandent que 2 à 3 minutes de cuisson et beaucoup les préfèrent aux variétés sèches. Ces dernières sont pourtant indispensables dans un placard. Elles seront al dente en 10 minutes environ. Il en existe d'innombrables variétés, spaghettis, tagliatelles, farfalles, fusillis…et autant de sauces toutes prêtes, très pratiques si votre temps est compté et que vous recherchez un plat savoureux et nutritif. Dans nombre de recettes traditionnelles, les pâtes remplaceront les pommes de terre, plus longues à cuire.

Les nouilles, version asiatique des pâtes, sont pratiques, saines et cuisent vite. Elles se conservent bien et longtemps. Ajoutez-en dans les soupes et les sautés, et parfumez-les d'huile de sésame et de sauce de soja. Les plus faciles à trouver et à préparer sont les nouilles aux œufs, bon marché, présentées sèches en blocs rectangulaires. Les nouilles de riz, également d'emploi simple, se trouvent dans la plupart des supermarchés asiatiques. Comme leur nom l'indique, elles sont faites avec de la farine de riz. La plupart de ces nouilles sont de diamètre moyen, même si on en trouve de plus grosses dans les magasins spécialisés. Les variétés longues et fines conviennent mieux aux soupes et aux sauces légères.

Il est possible de cuire facilement et vite les pommes de terre au four à micro-ondes,

technique particulièrement adaptée aux pommes au four. De fait, nombre de produits allant de la viande aux sauces cuisent très bien au four à micro-ondes, même si certains s'y adaptent mieux que d'autres. Le temps de cuisson est divisé par quatre environ. Ce type de four est aussi utile pour décongeler les surgelés. Si son utilisation fait gagner du temps dans de nombreux cas, il faut parfois interrompre la cuisson pour remuer certaines préparations telles les sauces au jus de viande et crèmes anglaises. Contrairement aux fours conventionnels, plus on remplit un four à micro-ondes, plus le temps de cuisson est long, ce qui le rend impropre aux cuissons rapides de plats familiaux. Il est utile pour ramollir le beurre, faire fondre le chocolat et amener les agrumes à température ambiante avant de les presser.

Préparation

Un vieil adage militaire affirme que le temps passé en reconnaissance n'est jamais perdu. C'est aussi vrai sur une ligne de front que dans une cuisine. Une bonne organisation et une préparation adéquate ont d'autant plus d'importance que vous n'avez pas toute la journée. Programmer ses menus à l'avance évite de perdre du temps à tourner en rond dans la cuisine, à scruter le réfrigérateur et chercher l'inspiration dans les placards. Le week-end, ou avant de partir faire les courses, asseyez-vous devant une feuille avec un crayon et prévoyez les menus de la semaine. Ne regrettez pas ces quelques minutes consacrées à la planification : vous aurez l'esprit tranquille et la certitude de pouvoir préparer vos repas en temps record et avec un minimum d'efforts.

Choisissez bien ce que vous achetez et organisez-vous. Avant de vous lancer dans la réalisation d'un plat en sauce, un pistou par exemple, voyez s'il existe une bonne préparation toute prête ou si vous la ferez vous-même. Si vous utilisez souvent certains types d'assaisonnements, pensez à les préparer en grosses quantités et à en stocker des portions au congélateur. L'ail haché en flacon remplace l'ail frais et il est bien parfumé. Si vous aimez les saveurs épicées, procurez-vous des flacons de poudre de gingembre, de coriandre, d'herbes séchées... N'oubliez pas qu'il ne faut pas sacrifier texture ou arômes pour gagner du temps. Les flocons de pommes de terre valent-ils une vraie purée? Pensez aussi à acheter des ingrédients entrant dans la composition de plusieurs recettes, voire pouvant intervenir plusieurs fois dans un seul repas, comme la crème fraîche, qui figurera aussi bien à l'entrée qu'au dessert, avec des fruits par exemple, ou entrera dans la composition du plat principal. Vous gagnerez ainsi un temps considérable, parfois perdu à chercher les produits, ouvrir des pots, préparer et mélanger, et réduirez aussi le gaspillage.

Bien ranger placards et réfrigérateur est essentiel : c'est le seul moyen de savoir où trouver ce dont on a besoin au moment où on en a besoin et d'éviter beaucoup de stress. Quoi de plus désagréable que de devoir se mettre à nettoyer les dégâts provoqués par la chute d'un bocal inaccessible que l'on aura fait tomber en cherchant autre chose ! On évite aussi les déceptions et de devoir jeter car on risque moins de dépasser les dates limites indiquées sur les boîtes et paquets. Quant au réfrigérateur, si l'on n'y prend pas garde c'est parfois le lieu où toutes sortes de formes de vie indésirables se mettent à proliférer, vérifiez souvent qu'un vieux reste oublié au fond d'une étagère ou du bac à légumes n'est pas en train de se transformer à votre insu en créature d'un autre monde.

Munissez-vous du minimum de matériel de cuisine de base

indispensable, couteaux tranchants, tamis, passoire, cuillères en bois et casseroles de bonne qualité : vous préparerez ainsi très vite tous les ingrédients. N'oubliez pas que les couteaux sont moins dangereux affûtés qu'émoussés. Il est indispensable d'utiliser des planches à découper de bonnes qualité quasiment inusables. Ayez-en deux, une pour les viandes crues et produits de la mer et l'autre pour les légumes et les nourritures cuites, cela vous évitera de vous interrompre pour la rincer si vous n'en avez qu'une. Prenez un modèle de bonne qualité, en bois ou en plastique, massif et antidérapant.

Des poêles à fond épais haut de gamme constituent un bon investissement, car la chaleur se répartit également, permettant une cuisson plus régulière et plus rapide.

Le wok est idéal pour beaucoup de recettes, et pas seulement asiatiques. Grâce à sa forme, il cuit les aliments de façon homogène et supporte les très hautes températures. Choisissez plutôt un modèle en fonte de bonne qualité, que ceux à revêtement antiadhésif supportant moins bien les surchauffes. Si vous vous servez d'un système de cuisson électrique à plaques, prenez un wok à base plate, épaisse et massive, c'est essentiel pour bien diffuser la chaleur. S'il est vendu avec des instructions de mise en service, respectez-les. Votre wok gagnera en efficacité et en longévité.

Les poêles à fond rainuré, qui permettent d'imprimer de jolis croisillons sur les aliments, servent à la cuisson de nombreux plats, grillades, brochettes et poissons. Prenez un modèle en fonte de bonne qualité et, comme tout votre matériel de cuisine, entretenez-le pour qu'il dure longtemps.

Une bonne casserole massive résistant à la chaleur est assez onéreuse mais vous serez largement payé en retour par l'homogénéité, la saveur et le moelleux de vos plats. Elle vous servira aussi bien à blondir des oignons et à dorer la viande à feu vif au début d'une recette qu'à faire mijoter ensuite votre préparation, sur le gaz ou dans le four, en économisant temps et efforts et réduisant la quantité de vaisselle.

La cuisson à la vapeur ou à l'autocuiseur préserve la saveur et la texture des légumes. Elle fait ressortir les couleurs et permet de cuire simultanément des produits différents.

On peut par exemple placer brocolis et carottes dans une passoire posée sur une casserole d'eau bouillante de pommes de terre et cuire ainsi les trois légumes d'un seul coup. On économise ainsi non seulement son temps et ses efforts, mais aussi l'énergie. De plus, on risque moins d'obtenir de la bouillie avec une cuisson à la vapeur qu'à l'eau.

Il vous faut des cuillères et un verre doseur aux graduations claires, nombreuses et bien lisibles.

Si les quantités sont approximatives pour beaucoup de plats, certaines recettes exigent la plus grande précision. Une petite balance de cuisine est très utile. Les fabricants proposent quantité d'appareils électro-ménagers, tous destinés à vous faire gagner du temps mais certains sont plus utiles que d'autres. Vous n'ouvrirez pas vos boîtes beaucoup plus vite avec un ouvre-boîte électrique mais vous mélangerez vos pâtes bien plus rapidement avec un robot bien conçu.

Un épluche-légumes solide, genre économe, est non seulement indispensable pour la « corvée de pluches », à moins d'acheter des légumes congelés prêts à l'emploi, mais il permet aussi de réaliser des décorations copeaux de fromage ou d'autres fromages durs.

Il est beaucoup plus facile d'obtenir des zestes d'agrumes avec un zesteur que de râper la peau et de gratter les parois de l'appareil pour récupérer les petits morceaux.

Quel que soit l'équipement que vous achetez pour votre cuisine, de la louche au presse-purée, prenez un modèle de bonne qualité. Nettoyez-le et entretenez-le pour le faire durer. Organisez judicieusement vos rangements, surtout si vous manquez de place. Disposez couteaux de cuisine, cuillères en bois et planches à découper à portée de main, ou dans des tiroirs sous le plan de travail, et poêles, casseroles et wok près de la cuisinière. Un espace de travail bien conçu, toujours propre et rangé est le meilleur moyen de ne pas perdre de temps. Courir le marathon d'un bout à l'autre de la cuisine pour préparer le dîner n'est pas une solution.

Pour gagner du temps

- Si vous prévoyez d'utiliser le four ou le gril, l'allumer en entrant dans la cuisine. Un préchauffage insuffisant fait perdre du temps. De plus une cuisson à température trop faible peut comporter des risques pour la santé.

- Lisez la recette en entier avant de commencer. On maximise l'emploi de son temps en préparant certains ingrédients pendant que d'autres cuisent. Prévoyez au moins 5 minutes pour faire revenir des oignons à la poêle, c'est suffisant pour émincer de la viande, hacher des carottes ou ouvrir une boîte de tomates.

- La salade et les herbes fraîches comme le basilic s'oxydent et noircissent facilement lorsqu'on les coupe ou hache au couteau. Il est plus facile et plus rapide de les déchirer avec les doigts.

- Prenez une casserole de taille adaptée à la quantité d'ingrédients à préparer. Remuer le contenu d'un récipient trop plein le fait en général déborder, salissant la plaque de cuisson ce qui oblige à nettoyer, quand on ne s'est pas éclaboussé en plus. Il est aussi inutile de faire bouillir plus de liquide que nécessaire.

- Pour couper les fromages mous ou crémeux, passer d'abord la lame du couteau à l'eau froide afin qu'elle ne colle pas. Vous irez plus vite et obtiendrez des tranches plus régulières.

- Mélangez vinaigrettes et sauces salade dans un bocal hermétique en remuant énergiquement. Les restes de sauce se garderont ensuite plusieurs jours au réfrigérateur.

- Détachez les baies, cassis ou myrtilles, de leur tige en vous servant des dents d'une fourchette comme d'un peigne. Détachez les petites feuilles d'aromates de leur tige en faisant glisser la tige entre le pouce et l'index serrés.

- Les aliments cuisent plus vite dans des récipients en métal ou en céramique que dans ceux en verre ou en terre cuite.

- Si vous préférez faire vous-même bouillons, sauces et vinaigrettes, toutes les recettes de la page suivante peuvent se préparer à l'avance. Les bouillons se gardent de 3 à 6 mois au congélateur et les sauces et vinaigrettes plusieurs jours au réfrigérateur dans des récipients étanches. Mélangez ou remuez toujours avant de servir.

bouillons et sauces

bouillon de légumes

pour : 2 litres
temps de préparation : 10 minutes
temps de cuisson : 35 minutes

2 cuil. à soupe d'huile de maïs
115 g d'oignons, émincés
115 g de poireaux, émincés
115 g de carottes, émincées
4 branches de céleri, finement hachées
85 g de fenouil, finement haché
85 g de tomates, finement hachées
2,25 l d'eau
1 bouquet garni

1 Chauffer l'huile dans une casserole. Ajouter les poireaux et les oignons et faire revenir 5 minutes à feu doux, jusqu'à ce qu'ils soient tendres. Ajouter les légumes restants, couvrir et cuire 10 minutes. Ajouter l'eau et le bouquet garni et laisser frémir 20 minutes.

2 Filter, laisser refroidir et conserver au frais. Utiliser immédiatement ou conserver jusqu'à 3 mois au congélateur (diviser en portions).

bouillon de poulet

pour : 2,5 l environ
temps de préparation : 15 minutes, plus 30 minutes de réfrigération
temps de cuisson : 3 h 30

1,3 kg d'ailes et cous de poulet
2 oignons, coupés en quartiers
4 litres d'eau
2 carottes, grossièrement coupées
2 branches de céleri, grossièrement coupées
10 brins de persil
4 brins de thym frais
2 feuilles de laurier
10 grains de poivre noir

1 Mettre le poulet et les oignons dans une casserole et faire revenir à feu doux en remuant fréquemment jusqu'à ce qu'ils soient dorés.

2 Ajouter l'eau et remuer. Porter à ébullition et écumer la mousse à la surface. Ajouter les autres ingrédients, couvrir en partie et laisser frémir 3 heures.

3 Filtrer, laisser refroidir et mettre au réfrigérateur. Dégraisser la surface. Utiliser immédiatement ou conserver jusqu'à 6 mois au congélateur (diviser en portions).

bouillon de bœuf

pour : 2 litres environ
temps de préparation : 15 minutes, plus 30 minutes de réfrigération
temps de cuisson : 4 h 30

1 kg d'os à moelle de bœuf, coupés en tronçons de 7,5 cm et un morceau de viande de bœuf à bouillir de 650 g
3 litres d'eau
4 clous de girofle
2 oignons, coupés en deux
2 branches de céleri, grossièrement hachées
8 grains de poivre noir
1 bouquet garni

1 Mettre les os à moelle dans une casserole et ajouter la viande. Ajouter l'eau et porter à ébullition à feu doux en écumant la surface régulièrement.

2 Piquer un clou de girofle dans chaque moitié d'oignon et ajouter au bouillon avec le céleri, le poivre et le bouquet garni. Couvrir en partie et laisser frémir à feu doux 3 heures. Retirer la viande et laisser mijoter 1 heure.

3 Filtrer, laisser refroidir et mettre au réfrigérateur. Dégraisser la surface. Utiliser immédiatement ou conserver jusqu'à 6 mois au congélateur (diviser en portions).

vinaigrette

pour : 250 ml environ
temps de préparation : 5 minutes, et laisser une heure à reposer (facultatif)

150 ml d'huile d'olive vierge
5 cuil. à soupe de vinaigre de vin blanc ou de jus de citron
1 gousse d'ail, hachée
1 pincée de sucre (facultatif)
2 cuil. à soupe de moutarde de Dijon
1 cuil. à soupe de persil frais haché
sel et poivre

1 Mettre tous les ingrédients dans un bocal hermétique, fermer et secouer.

2 Laisser le mélange reposer 1 heure pour que les arômes s'exhalent.

3 Agiter de nouveau avant usage. Conserver quelques jours au réfrigérateur. Remuer avant de servir.

sauce américaine

pour : 400 ml environ
temps de préparation : 5 minutes

300 ml de mayonnaise
5 cuil. à soupe de sauce chilli médium
2 cuil. à soupe de ketchup
2 oignons verts, finement hachés
1 œuf dur, écalé et haché
2 cornichons, finement hachés
1 cuil. à soupe de moutarde de Dijon

1 Mettre tous les ingrédients dans une terrine et battre pour mélanger.

2 Couvrir de film alimentaire et réserver au réfrigérateur.

3 Mélanger de nouveau juste avant de servir frais.

soupes et entrées

Rien de meilleur et de plus accueillant que les soupes maison, mais on s'imagine souvent à tort que leur préparation implique de passer d'innombrables heures au-dessus d'une marmite dans une cuisine embuée. Si certaines soupes traditionnelles sont effectivement longues à cuire et nécessitent beaucoup de préparation, nombre d'autres aussi succulentes peuvent être réalisées vite et facilement. Vingt minutes après être arrivé(e) à la maison par une froide soirée d'hiver, vous pourrez servir une réconfortante soupe anglaise à l'ancienne au fromage (voir p. 18) à une famille affamée. Dans le même temps, vous préparerez un repas à plat unique tel la Zuppa Pavese (voir p. 23) pour le déjeuner du week-end. Avec à peine plus d'efforts, vous impressionnerez vos amis au dîner grâce à une soupe épicée au crabe (voir p. 24).

Cette partie comprend aussi d'autres entrées, d'une extraordinaire simplicité de préparation, à consommer en famille ou lors de réceptions. Commencez un dîner par une pointe d'exotisme grâce aux petites bouchées thaïes dorées (voir p. 34) ou aux toasts aux crevettes et sésame (voir p. 32), toujours appréciés. Une assiette d'antipasto volente (voir p. 38) vous rendra populaire sans efforts lors d'une réception, et servir des noix de Saint-Jacques à cheval (voir p. 26) risque de vous valoir le césar d'hôtesse de l'année. Créez l'ambiance lors d'un long week-end estival avec du prosciutto aux figues (voir p. 44) ou réveillez vos papilles gustatives grâce à un plat de fajitas végétariennes croustillantes (voir p. 42).

crème de pois

*Cette appétissante soupe vert pâle, délicatement parfumée
à la menthe et au saumon fumé, sera une excellente entrée pour
un dîner de réception. À servir accompagnée de croûtons.*

INGRÉDIENTS

25 g de beurre

1 oignon, finement haché

600 g de petits pois surgelés

700 ml de bouillon de poulet (*voir* p.13)

4 cuil. à soupe de crème fraîche

115 g de saumon fumé,
coupé en petits dés

2 cuil. à soupe de jus de citron

sel et poivre

feuilles ciselées de 2 brins de menthe
fraîche

croûtons, en garniture

VALEURS NUTRITIONNELLES

Calories	238
Protéines	. . . . .17 g
Glucides	. . . . .24 g
Lipides	. . . . .11 g
Acides gras saturés	. . . . . . .6 g

variante

Utilisez des petits pois frais et remplacez
la menthe par 1 à 2 cuillerées à café
d'estragon frais haché.

conseil

Pour gagner du temps et
réduire la vaisselle, mixez la
soupe à l'aide d'un mixeur
plongeant à l'étape 2. À défaut
de bouillon de poulet maison,
utilisez un bouillon cube
de bonne qualité.

1 Faire fondre le beurre
dans une casserole.
Ajouter l'oignon et cuire
5 minutes à feu doux en
remuant de temps en temps,
jusqu'à ce qu'il soit doré.
Ajouter les pois et le bouillon
et porter à ébullition. Couvrir
et laisser frémir 10 minutes
jusqu'à ce que les pois soient
tendres.

2 Retirer la casserole
du feu et laisser tiédir.
Verser dans un robot de cuisine
et mixer jusqu'à obtention
d'un mélange homogène.
À défaut, réduire la soupe
en purée à l'aide d'un mixeur
plongeant.

3 Remettre la soupe dans
la casserole, ajouter la
crème fraîche et laisser frémir.
Incorporer le saumon fumé,
le jus de citron, saler et poivrer
selon son goût. Verser la soupe
dans des bols chauds, parsemer
de menthe ciselée et servir
immédiatement accompagnée
de croûtons.

soupe anglaise à l'ancienne au fromage

pour 4 personnes　　　　**préparation : 10 min** ⏲　　　　**cuisson : 10 min** ⏲

Facile et rapide à préparer, cette soupe revigorera vos repas d'hiver.
À servir accompagnée de pain frais.

INGRÉDIENTS

55 g de beurre

55 g de farine

425 ml de bouillon de poulet

(*voir* p.13)

300 ml de lait

2 carottes, râpées

175 g de cheddar râpé

sel et poivre

croûtons, en garniture

VALEURS NUTRITIONNELLES

Calories	.390
Protéines	.15 g
Glucides	.23 g
Lipides	.30 g
Acides gras saturés	.19 g

variante

Si vous le désirez,
vous pouvez également
accompagner cette soupe
de croûtons aillés
(*voir* p. 53, étape 2).

1 Faire fondre le beurre
dans une casserole.
Verser la farine en pluie
et cuire 1 minute, sans cesser
de remuer. Retirer du feu
et ajouter progressivement
le bouillon de poulet et le lait.

2 Remettre sur le feu,
porter à ébullition sans
cesser de remuer, et laisser
frémir 3 à 4 minutes, jusqu'à
ce que la préparation soit lisse
et épaisse. Ajouter les carottes
râpées, cuire 3 minutes,
et incorporer le fromage râpé.

3 Saler et poivrer
selon son goût. Servir
immédiatement dans des bols
chauds avec des croûtons.

soupe à l'orange et aux carottes

cuisson : 20 min   **préparation : 10 min**   **pour 6 personnes**

*Avec ses couleurs éclatantes et son léger goût sucré,
cette soupe classique sera délicieuse en toute saison.*

VALEURS NUTRITIONNELLES

Calories	150
Protéines	2 g
Glucides	32 g
Lipides	8 g
Acides gras saturés	5 g

INGRÉDIENTS

55 g de beurre

2 oignons, râpés

sel et poivre

700 g de carottes, râpées

1 grosse pomme de terre, râpée

2 cuil. à soupe de zestes d'orange

1,4 à 1,7 l d'eau bouillante

jus d'1 grosse orange

2 cuil. à soupe de persil frais haché,

en garniture

conseil

Pour gagner du temps, pressez l'orange et hachez le persil pendant que la soupe bout à l'étape 2 et réduire le mélange en purée à l'aide d'un mixeur plongeant.

1 Faire fondre le beurre dans une casserole. Ajouter les oignons et cuire 3 minutes, sans cesser de remuer. Saler légèrement et ajouter les carottes et les pommes de terre. Couvrir, réduire le feu et cuire encore 5 minutes.

2 Incorporer les zestes d'orange et couvrir d'eau bouillante. Porter à ébullition, couvrir et laisser bouillir 10 minutes. Ajouter le jus d'orange.

3 Retirer du feu et laisser tiédir. Mixer le mélange dans un robot de cuisine jusqu'à obtention d'une purée onctueuse. À défaut, réduire le mélange en purée dans la casserole à l'aide d'un mixeur plongeant. Remettre sur le feu en ajoutant de l'eau si la préparation est trop épaisse. Porter à ébullition et rectifier l'assaisonnement. Verser dans des bols chauds, garnir de persil haché et servir immédiatement.

soupe aux tomates

Cette soupe est faite avec des tomates fraîches et non en boîte ou en sachet, elle sera idéale lors d'un repas de famille.

INGRÉDIENTS

55 g de beurre

1 oignon, finement haché

700 g de tomates, finement concassées

sel et poivre

600 ml de bouillon de poulet ou de légumes chaud (*voir* p.13)

1 pincée de sucre

100 ml de crème liquide

2 cuil. à soupe de feuilles de basilic frais haché

1 cuil. à soupe de persil frais haché

VALEURS NUTRITIONNELLES

Calories 200

Protéines . . . . .3 g

Glucides . . . . .21 g

Lipides . . . . .17 g

Acides gras saturés . . . . . .11 g

variante

Remplacez le persil par la même quantité de ciboulette hachée et servez saupoudré de parmesan frais râpé.

conseil

Si vous pelez les tomates, faites-le pendant la cuisson de l'oignon à l'étape 1. Incisez les tomates en croix, couvrez d'eau bouillante et portez à ébullition 1 minute. Égouttez et pelez les tomates.

1 Faire fondre la moitié du beurre dans une casserole. Ajouter l'oignon et cuire à feu doux 5 minutes, en remuant de temps en temps, jusqu'à ce qu'il soit tendre. Ajouter les tomates, saler et poivrer selon son goût et cuire encore 5 minutes.

2 Ajouter le bouillon, porter à ébullition, réduire le feu et cuire encore 10 minutes.

3 Filtrer le mélange dans une passoire en l'écrasant à l'aide d'une cuillère en bois pour retirer les peaux et les pépins. Remettre dans la casserole, incorporer le sucre, la crème, le reste de beurre, le basilic et le persil et chauffer brièvement sans porter à ébullition. Servir la soupe immédiatement dans des bols chauds.

crème de champignons

pour 4 personnes **préparation : 10 min** **cuisson : 15 à 18 min**

Lorsqu'elle est faite avec des champignons de Paris, cette soupe est déjà parfumée, mais on peut aussi utiliser des champignons sauvages pour plus de saveur lors d'une occasion spéciale.

INGRÉDIENTS

55 g de beurre

1 oignon, finement haché

225 g de champignons, émincés

25 g de farine

425 ml de bouillon de poulet chaud
(*voir* p.13)

150 ml de lait

sel et poivre

1 cuil. à soupe de persil frais haché,
un peu plus en garniture

4 cuil. à soupe de crème liquide

VALEURS NUTRITIONNELLES

Calories 200

Protéines . . . . .4 g

Glucides . . . . .16 g

Lipides . . . . .16 g

Acides gras saturés . . . . . .10 g

variante

Pour une soupe plus épaisse, ne la mixez pas, salez et poivrez et ajoutez le persil et la crème à l'étape 3.

1 Faire fondre la moitié du beurre dans une casserole. Ajouter l'oignon et cuire à feu doux 5 minutes en remuant de temps en temps, jusqu'à ce qu'il soit tendre. Ajouter les champignons et cuire encore 5 minutes.

2 Ajouter la farine et cuire 1 minute, sans cesser de remuer. Retirer du feu et ajouter progressivement le bouillon de poulet chaud. Remettre sur le feu et porter à ébullition sans cesser de remuer. Incorporer le lait.

3 Mixer dans un robot de cuisine jusqu'à obtention d'une purée lisse et remettre dans la casserole. Chauffer rapidement sans porter à ébullition, saler et poivrer selon son goût et incorporer le persil et la crème. Verser dans des bols chauds, garnir de persil haché et servir immédiatement.

zuppa pavese

cuisson : 10 min   **préparation : 10 min**   **pour 4 personnes**

Pour réussir cette soupe italienne originale, il est essentiel
de disposer d'un bon bouillon ou consommé de bœuf. Elle fera
un magnifique déjeuner léger ou une entrée pour un menu de fête.

VALEURS NUTRITIONNELLES

Calories 320

Protéines . . . . .15 g

Glucides . . . . .18 g

Lipides . . . . .22 g

Acides gras saturés . . . . . .12 g

INGRÉDIENTS

1 litre de bouillon ou de consommé
de bœuf clair

55 g de beurre

4 tranches de pain de mie

55 g de parmesan frais, râpé

4 œufs

sel

variante

Pochez les œufs : portez
une casserole d'eau à
ébullition. Cassez un œuf
dans une tasse, ajoutez
l'eau et cuire 3 à 4 minutes.
Égouttez.

1 Verser le bouillon ou le consommé dans une casserole et chauffer à feu doux.

2 Faire fondre le beurre dans une poêle à fond épais et faire revenir les tranches de pain de mie 4 à 5 minutes, jusqu'à ce qu'elles soient bien dorées des deux côtés. Égoutter sur du papier absorbant et disposer les tranches dans 4 grands bols.

3 Saupoudrer des deux-tiers du parmesan. Casser un œuf sur chaque tranche de pain, saler selon son goût et saupoudrer du reste de fromage. Verser délicatement le bouillon ou le consommé et servir immédiatement.

soupe épicée au crabe

⏱ **cuisson : 15 min**   ◔ **préparation : 10 min**   **pour 4 personnes**

VALEURS NUTRITIONNELLES
Calories 95
Protéines . . . . .9 g
Glucides . . . . .11 g
Lipides . . . . .3 g
Acides gras saturés . . . . . . .0 g

Cette soupe chinoise se prépare avec de la chair de crabe blanche fraîche, surgelée ou en boîte, les chairs brunes se dissoudraient.

INGRÉDIENTS

1 l de bouillon de poulet (*voir* p. 13)
2 tomates, pelées, épépinées et concassées
1 morceau de 2,5 cm de gingembre frais, finement haché
1 petit piment rouge, épépiné et finement haché
2 cuil. à soupe d'alcool de riz

1 cuil. à soupe de vinaigre de riz
¾ de cuil. à café de sucre
1 cuil. à soupe de maïzena
2 cuil. à soupe d'eau
175 g de chair de crabe blanche fraîche, décongelée ou égouttée
sel et poivre
2 oignons verts, émincés, en garniture

variante

À défaut d'alcool de riz, utilisez la même quantité de xérès sec et remplacez le vinaigre de riz par du vinaigre de vin blanc.

conseil

Vous trouverez l'alcool de riz et le vinaigre de riz dans la plupart des supermarchés et dans les magasins asiatiques.

1 Verser le bouillon de poulet dans une casserole à fond épais. Ajouter les tomates, le gingembre, le piment, l'alcool de riz, le vinaigre et le sucre et porter à ébullition. Réduire le feu, couvrir et laisser frémir 10 minutes.

2 Dans une terrine, délayer la maïzena dans l'eau jusqu'à obtention d'une pâte et ajouter dans la casserole. Laisser frémir 2 minutes, sans cesser de remuer, jusqu'à ce que le mélange épaississe.

3 Incorporer la chair de crabe et cuire encore 2 minutes. Saler et poivrer selon son goût, verser dans des bols chauds et servir garni d'oignons verts émincés.

noix de Saint-Jacques à cheval

pour 4 personnes   **préparation : 5 min** 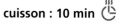   **cuisson : 10 min**

Ces savoureuses bouchées feront de superbes petits-fours à servir à l'apéritif avant le dîner.

INGRÉDIENTS

20 noix de Saint-Jacques, nettoyées

2 à 3 cuil. à soupe de jus de citron

sel et poivre

20 tranches de lard

sauce tartare, en accompagnement

VALEURS NUTRITIONNELLES

Calories 485

Protéines . . . . .53 g

Glucides . . . . .4 g

Lipides . . . . .29 g

Acides gras saturés . . . . . .10 g

conseil

Pour une sauce tartare express, mélangez 2 cuillerées à soupe de cornichons hachés et autant de câpres hachées dans 300 ml de mayonnaise toute prête. Ajoutez de la ciboulette ou des oignons verts finement hachés et servir.

1 Préchauffer le gril à température moyenne. Arroser les noix de Saint-Jacques de jus de citron, saler et poivrer selon son goût.

2 Étirer le lard à l'aide du plat d'un couteau, rouler chaque Saint-Jacques dans une tranche et fixer à l'aide d'une pique à cocktail.

3 Cuire au gril préchauffé, 5 minutes de chaque côté, jusqu'à cuisson complète. Servir accompagné de sauce tartare.

noix de Saint-Jacques et crevettes sautées

🕐 cuisson : 4 min   🕐 préparation : 10 min   pour 4 personnes

La plupart des fruits de mer ne nécessitent qu'une cuisson très courte et sont parfaits pour la cuisine express. De plus, ils sont un véritable régal pour les yeux et les papilles.

VALEURS NUTRITIONNELLES	
Calories 225	
Protéines . . . . .24 g	
Glucides . . . . .11 g	
Lipides . . . . .10 g	
Acides gras saturés . . . . . . .2 g	

INGRÉDIENTS

12 noix de Saint-Jacques, préparées
et décongelées si nécessaire

12 grosses crevettes, déveinées
et décortiquées

sel et poivre

2 cuil. à soupe de farine

3 cuil. à soupe d'huile d'olive

2 gousses d'ail, finement hachées

2 cuil. à soupe de persil frais haché

3 cuil. à soupe de jus de citron

conseil

Si vous utilisez des Saint-Jacques congelées, laissez-les décongeler au réfrigérateur et utilisez-les rapidement ; ne les conservez pas plus d'un jour avant utilisation.

1 À l'aide d'un couteau tranchant, couper les Saint-Jacques et les crevettes en 2, et saler et poivrer selon son goût. Mettre de la farine dans une assiette, y passer les fruits de mer en retirant l'excédent de farine.

2 Chauffer l'huile dans une poêle à fond épais. Ajouter les crevettes et les Saint-Jacques farinées et cuire 2 minutes à feu moyen. Ajouter l'ail et le persil, bien mélanger pour enrober les fruits de mer et cuire encore 2 minutes

en secouant la poêle de temps en temps, jusqu'à ce que les Saint-Jacques soient opaques et que les crevettes rosissent.

3 Ajouter le jus de citron et mélanger pour bien enrober le tout. Transférer dans des assiettes chaudes et servir immédiatement.

grosses crevettes flambées

pour 4 personnes   **préparation : 10 min** ⏱   **cuisson : 20 min** ⏱

Servez ce délicieux plat de crevettes avec un mesclun multicolore,
lollo rossa, trévise, feuilles de chêne, sucrine…

INGRÉDIENTS

40 g de beurre

2 échalotes, hachées

225 g de grosses crevettes cuites,

déveinées et décortiquées

115 g de petits champignons de Paris,

coupés en deux

1 cuil. à soupe de jus de citron

1 pincée de noix muscade râpée

sel et poivre

3 cuil. à soupe de cognac

150 ml de crème fraîche

brins de persil frais, en garniture

mesclun, en accompagnement

VALEURS NUTRITIONNELLES

Calories 335

Protéines . . . . .14 g

Glucides . . . . .4 g

Lipides . . . . .27 g

Acides gras saturés . . . . . .17 g

variante

Utilisez des crevettes crues plutôt
que cuites. Ajoutez aux champignons
à l'étape 1 et cuire 5 minutes, jusqu'à
ce qu'elles rosissent.

conseil

Les échalotes, plus petites
et plus douces que les oignons,
sont aussi plus digestes. Ne les
laissez pas brunir à la cuisson
car elles deviendraient amères.

1 Chauffer l'huile dans
une poêle à fond épais.
Ajouter les échalotes et cuire
5 minutes, en remuant de
temps en temps. Ajouter
les crevettes et les champignons,
cuire encore 3 à 4 minutes en
remuant de temps en temps
et ajouter du sel, du poivre,
de la muscade et du jus
de citron selon son goût.

2 Chauffer le cognac dans
une louche à feu très
doux, faire flamber et verser sur
le mélange à base de crevettes.
Remuer doucement la poêle
jusqu'à extinction des flammes
et cuire encore 2 minutes.

3 Ajouter la crème,
augmenter le feu et cuire
sans cesser de remuer jusqu'à
épaississement. Répartir dans
des assiettes chaudes, garnir
de brins de persil et servir
accompagné de mesclun.

truite fumée aux poires en salade

⏲ **cuisson : 0 min**   ⏲ **préparation : 10 min**   **pour 4 personnes**

VALEURS NUTRITIONNELLES

Calories 329

Protéines . . . . .37 g

Glucides . . . . .21 g

Lipides . . . . .16 g

Acides gras saturés . . . . . . .4 g

Déjà fumée, la truite ne nécessite pas de cuisson, un bon moyen pour gagner du temps. Choisissez de préférence des filets assez pâles, moins susceptibles d'avoir été artificiellement colorés.

INGRÉDIENTS

55 g de cresson

1 cœur de trévise, ciselé

4 tranches de truite fumée

2 poires mûres, Williams par exemple

2 cuil. à soupe de jus de citron

2 cuil. à soupe d'huile d'olive vierge extra

sel et poivre

3 cuil. à café de crème aigre

2 cuil. à café de crème de raifort

fines tranches de pain complet grillées, sans la croûte et beurrées, en garniture

variante

Remplacez le raifort par une mayonnaise moutardée. Mélangez 3 cuillerées à café de moutarde, 2 de persil frais haché et 150 ml de mayonnaise. Assaisonnez.

conseil

L'huile d'olive, sert à la cuisson et à l'assaisonnement des salades. Choisissez une huile de première pression à froid d'excellente qualité pour les sauces salade et une huile ordinaire pour la cuisson.

1 Mettre la trévise et le cresson dans une terrine. Couper les tranches de truite en lamelles et les ajouter dans la terrine. Éplucher et retirer le cœur des poires, couper en fines tranches et mettre dans une autre terrine. Verser 4 cuillerées à café de jus de citron, bien mélanger et ajouter à la salade.

2 Pour la sauce, mélanger le jus de citron restant et l'huile d'olive dans une terrine, saler et poivrer selon son goût et verser la sauce obtenue sur la salade. Bien mélanger et transférer dans un grand saladier de service.

3 Mélanger la crème aigre et le raifort dans une autre terrine jusqu'à obtention d'un mélange homogène et verser sur la salade. Servir avec du pain grillé beurré.

toasts aux crevettes et sésame

pour 4 personnes   **préparation : 10 min**   **cuisson : 4 à 6 min**

Toujours très populaires, ces succulents petits toasts chinois croustillants et dorés sont prêts en quelques minutes.

INGRÉDIENTS

225 g de grosses crevettes crues, décortiquées et déveinées

25 g de poitrine fumée

1 blanc d'œuf, légèrement battu

1 cuil. à soupe d'oignons verts hachés

½ cuil. à soupe de gingembre frais râpé

1 cuil. à café de maïzena

1 cuil. à soupe d'alcool de riz ou de xérès sec

2 cuil. à café d'eau

sel et poivre

6 tranches de pain de mie, sans la croûte

140 g de graines de sésame

huile d'arachide, pour la friture

VALEURS NUTRITIONNELLES

Calories 445

Protéines . . . . .15 g

Glucides . . . . .24 g

Lipides . . . . .33 g

Acides gras saturés . . . . . . .7 g

variante

Si vous n'avez pas d'huile d'arachide, vous pouvez utiliser de l'huile de tournesol.

conseil

Si vous préférez utiliser un wok, préchauffez-le sans huile. Cela empêche les aliments d'attacher et permet une meilleure répartition de la chaleur.

1 Sur une planche à découper, hacher la poitrine fumée et les crevettes de façon à obtenir une pâte. Transférer dans un terrine et incorporer le blanc d'œuf, les oignons verts, le gingembre et l'alcool de riz. Délayer la maïzena dans l'eau dans une terrine jusqu'à obtention d'une pâte, et l'incorporer à la préparation à base de crevettes. Saler et poivrer selon son goût.

2 Répartir la préparation sur un côté des toasts. Étaler les graines de sésame sur une assiette ou un plateau et passer délicatement le côté garni des toasts de sorte que les graines adhèrent.

3 Chauffer l'huile dans une poêle ou un wok préchauffé. Cuire la moitié des toasts sur le côté garni 2 à 3 minutes, jusqu'à ce qu'ils soient dorés et croustillants. Retirer à l'aide d'une écumoire et égoutter sur du papier absorbant. Cuire les toasts restants selon le même procédé. Couper les toasts en tranches et servir immédiatement.

bouchées thaïes dorées

🔥 cuisson : 10 à 15 min   🕐 préparation : 10 min   pour 4 personnes

VALEURS NUTRITIONNELLES

Calories 210

Protéines . . . . .16 g

Glucides . . . . .13 g

Lipides . . . . .11 g

Acides gras saturés . . . . . . .2 g

variante

À défaut de sauce piquante thaïe, utilisez du Tabasco ou une sauce légère. Faites frire les bouchées dans une huile d'arachide de préférence.

Ces croustillantes petites bouchées sont absolument délicieuses. Servez-les en entrée ou le soir à l'apéritif.

INGRÉDIENTS

115 g de chair de crabe, fraîche, décongelée si nécessaire ou égouttée

115 g de porc haché

55 g de champignons shiitake, finement hachés

1 cuil. à soupe d'oignons verts, hachés

1 cuil. à soupe de coriandre fraîche hachée

1 œuf, légèrement battu

1 cuil. à soupe de sauce de poisson thaïe

1 cuil. à soupe de sauce de soja épaisse

1 pincée de sucre

poivre

20 wontons ou feuilles de brick

huile de friture

sauce piquante thaïe, en accompagnement

conseil

Les wontons sont des petits carrés de pâte fine faite de farine et d'œuf. Vous les trouverez dans les magasins asiatiques. À défaut découpez des carrés dans des feuilles de brick.

1 Mélanger la chair de crabe, les champignons, le porc, l'ail, les oignons verts, la coriandre, l'œuf, la sauce de poisson, la sauce de soja et le sucre dans une terrine et poivrer selon son goût.

2 Mettre une cuillerée à café du mélange à base de crabe au centre d'un carré de pâte. Replier les 4 coins vers le haut et pincer pour sceller la bouchée. Procéder de même avec les autres carrés.

3 Chauffer l'huile dans une poêle ou un wok préchauffé. Cuire les bouchées en plusieurs fois, jusqu'à ce qu'elles soient dorées et croustillantes. Retirer à l'aide d'une écumoire et égoutter sur du papier absorbant. Servir immédiatement accompagnées de sauce piquante thaïe.

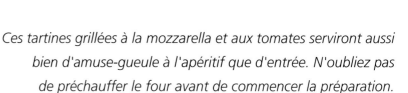

bruschetta

pour 4 personnes   **préparation : 10 min**   **cuisson : 15 min**

Ces tartines grillées à la mozzarella et aux tomates serviront aussi bien d'amuse-gueule à l'apéritif que d'entrée. N'oubliez pas de préchauffer le four avant de commencer la préparation.

INGRÉDIENTS

2 pains ciabatta de campagne au levain

175 g de pâte de tomates séchées au soleil

280 g de mozzarella, coupée en dés

1 cuil. à soupe d'origan frais haché

poivre

2 cuil. à soupe d'huile d'olive

mesclun, en accompagnement

VALEURS NUTRITIONNELLES

Calories	578
Protéines	. . . . .24 g
Glucides	. . . . .40 g
Lipides	. . . . .37 g
Acides gras saturés	. . . . . .12 g

variante

À défaut d'origan frais, utilisez de l'origan séché ou remplacez-le par la même quantité de basilic frais haché.

1 Préchauffer le four à 220 °C (th. 7-8) et le gril à tempèrature moyenne. Couper le pain en biais en tranches en retirant les croûtons, jusqu'à obtenir 24 tranches environ. Passer légèrement les tranches au gril sur les 2 côtés.

2 Couvrir un côté des tranches de pain de pâte de tomates et les recouvrir de dés de mozzarella.

3 Mettre les bruschetta sur une plaque de four, saupoudrer d'origan, poivrer selon son goût et ajouter un filet d'huile d'olive. Cuire au four préchauffé 5 minutes, jusqu'à ce que le fromage fonde. Réserver 2 minutes et servir chaud avec du mesclun.

mâche aux lardons

cuisson : 10 min **préparation : 10 min** **pour 6 personnes**

Cette variante de la célèbre frisée aux lardons allie subtilement la douceur de la mâche, le croustillant du lard frit et le piquant des croûtons aillés.

VALEURS NUTRITIONNELLES	
Calories 270	
Protéines . . . . .8 g	
Glucides . . . . .10 g	
Lipides . . . . .23 g	
Acides gras saturés . . . . . . .5 g	

INGRÉDIENTS

6 à 8 cuil. à soupe d'huile de tournesol

225 g de lard, coupé en cubes

2 gousses d'ail, finement hachées

4 tranches de pain, coupées en cubes
de 1 cm, sans la croûte

5 cuil. à soupe de vinaigre de vin rouge

1 cuil. à soupe de vinaigre balsamique

2 cuil. à soupe de moutarde à l'ancienne

sel et poivre

225 g de mâche

conseil

Si vous trouvez de la mâche
ayant encore ses racines et
que vous avez le temps, faites-
la tremper 1 heure dans une
terrine d'eau glacée pour
la rafraîchir.

1 Chauffer 2 cuillerées
à café d'huile dans une
poêle à fond épais. Ajouter
le lard et cuire à feu moyen
5 minutes, jusqu'à ce qu'il soit
croustillant. Retirer à l'aide
d'une écumoire et égoutter
sur du papier absorbant. Mettre
l'ail et les dés de pain dans
la poêle et cuire en remuant
fréquemment, jusqu'à ce que
le pain soit croustillant et doré.

Retirer à l'aide d'une écumoire
et égoutter sur du papier
absorbant.

2 Verser les vinaigres,
le reste d'huile et la
moutarde dans un bocal
hermétique, fermer, agiter
et verser dans une terrine.
Ou, mélanger les vinaigres
et la moutarde dans une terrine
et verser progressivement l'huile

en battant jusqu'à obtention
d'une émulsion crémeuse.
Saler et poivrer selon son goût.

3 Ajouter la mâche et le
lard et bien mélanger
le tout. Répartir sur des assiettes,
ajouter les croûtons et servir.

antipasto volente

pour 6 personnes   préparation : 15 min   cuisson : 0 min

En Italie les antipasti sont servis avant le plat principal de pâtes.
Le titre de cette recette signifie « à volonté ».

INGRÉDIENTS

200 g de thon à l'huile,
égoutté et émietté

115 g de sardines à l'huile, égouttées

100 g de filets d'anchois à l'huile,
égouttés

175 g de crevettes cuites, déveinées
et décortiquées

115 g de prosciutto, coupé en lamelles

175 g de mozzarella,
coupée en tranches

390 g de cœurs d'artichauts en boîte,
égouttés et coupés en deux

3 figues fraîches, coupées en tranches

225 g d'asperges en boîte, égouttées

115 g de saumon fumé,
coupé en fines tranches

sel et poivre

115 g d'olives noires

1 filet d'huile d'olive vierge extra

tranches de citron, en garniture

VALEURS NUTRITIONNELLES

Calories 378

Protéines . . . . .43 g

Glucides . . . . .7 g

Lipides . . . . .22 g

Acides gras saturés . . . . . . .6 g

variante

Utilisez des pointes d'asperges fraîches, faites cuire la même quantité à la vapeur ou dans l'eau bouillante 5 à 7 minutes, jusqu'à ce qu'elles soient tendres.

conseil

Le prosciutto est un jambon fumé italien. La variété la plus connue est le jambon de Parme, mais d'autres régions en produisent aussi, comme le San Daniele dans le Frioul.

1 Disposer le thon, les sardines, les anchois, les crevettes, la mozzarella, les cœurs d'artichaut, le prosciutto et les figues sur un grand plat de service.

2 Enrouler 2 à 3 asperges dans chaque tranche de saumon et les disposer sur le plat. Saler et poivrer selon son goût.

3 Répartir les olives sur le plat et arroser d'un filet d'huile d'olive. Garnir de tranches de citron et servir immédiatement ou couvrir de film alimentaire et réserver au réfrigérateur. Penser sortir le plat à l'avance pour servir à température ambiante.

houmous

pour 4 personnes　　　　**préparation : 5 min**　　　　**cuisson : 0 min**

Facile à réaliser, cette mousse parfumée du Moyen-orient sera meilleure que celles prêtes à l'emploi. À servir avec des crudités, fleurettes de chou-fleur, carotte, céleri, poivron rouge et des tranches de pain pita.

INGRÉDIENTS

425 g de pois chiches en boîte, rincés et égouttés

125 ml de tahini

3 gousses d'ail

125 ml de jus de citron

3 à 4 cuil. à soupe d'eau

sel et poivre

GARNITURE

1 cuil. à soupe d'huile d'olive vierge

1 pincée de poivre de Cayenne

1 cuil. à soupe de persil frais haché

6 olives noires

VALEURS NUTRITIONNELLES	
Calories	340
Protéines	. . . . .13 g
Glucides	. . . . .18 g
Lipides	. . . . .25 g
Acides gras saturés	. . . . . . .3 g

conseil

Le tahini est une épaisse pâte huileuse faite en écrasant des graines de sésame grillées. Vous en trouverez dans les grandes surfaces et les magasins bios et diététiques.

1 À l'aide d'une fourchette, réduire les pois chiches en purée avec le tahini, l'ail et le jus de citron dans une terrine en ajoutant assez d'eau jusqu'à obtention d'une pâte lisse. Saler et poivrer selon son goût. Ou, mettre le tout dans un robot de cuisine

avec 3 cuillerées à soupe d'eau, assaisonner selon son goût et mixer jusqu'à obtention d'une pâte lisse, en ajoutant de l'eau si nécessaire.

2 Transférer le houmous sur un plat de service et ménager un puits au centre

à l'aide du dos d'une cuillère. Verser l'huile d'olive dans le puits et saupoudrer de poivre de Cayenne. Garnir de persil haché et d'olives et servir immédiatement. Ou, couvrir de film alimentaire et réserver au réfrigérateur.

guacamole

cuisson : 0 min   **préparation : 5 min**   **pour 4 personnes**

Servez cette recette mexicaine avec des crudités des tortillas (chips de maïs) ou du pain grillé. Une cuillerée sur un steak grillé fera aussi un superbe accompagnement.

VALEURS NUTRITIONNELLES

Calories 245

Protéines . . . . .3 g

Glucides . . . . .4 g

Lipides . . . . .25 g

Acides gras saturés . . . . . . .6 g

INGRÉDIENTS

3 avocats bien mûrs

2 cuil. à soupe de jus de citron vert

1 cuil. à soupe de crème aigre

1 cuil. à soupe d'huile d'olive

½ cuil. à soupe de poivre de Cayenne

3 oignons verts, finement hachés

2 gousses d'ail, finement hachées

pain frais, en accompagnement

variante

Ajoutez 2 tomates fraîches hachées à l'étape 2 et remplacez la crème par du yaourt nature.

1 Couper les avocats en 2, les dénoyauter, et retirer la chair à l'aide d'une cuillère. Mettre dans une terrine, ajouter le jus de citron vert et réduire en purée à l'aide d'une fourchette.

2 Ajouter la crème aigre, l'huile d'olive, le poivre de Cayenne, les oignons verts et l'ail et saler selon son goût. Écraser grossièrement le tout, le mélange ne doit pas être complètement lisse.

3 Transférer sur un plat de service et servir immédiatement avec du pain frais. Ou, couvrir de film alimentaire et réserver au réfrigérateur 2 heures au maximum.

fajitas végétariennes

cuisson : 20 min   **préparation : 10 min**   **pour 6 personnes**

Ces savoureuses galettes doivent être servies si chaudes qu'elles grésillent encore en arrivant sur la table du repas.

INGRÉDIENTS

2 cuil. à soupe d'huile de maïs

2 oignons, finement émincés

2 gousses d'ail, finement hachées

2 poivrons verts, épépinés et coupés en lanières

2 poivrons rouges, épépinés et coupés en lanières

4 piments verts, épépinés et émincés

2 cuil. à soupe de coriandre fraîche

12 tortillas

225 g de champignons, émincés

sel et poivre

variante

Pour une version moins épicée, ne mettez que 2 piments verts, ou supprimez-les. Accompagnez les fajitas de yaourt ou de crème aigre.

conseil

Lavez-vous les mains après avoir manipulé des piments et évitez tout contact avec les yeux ou les lèvres. Si vous avez la peau sensible, utilisez des gants de caoutchouc.

1 Chauffer l'huile dans une poêle à fond épais. Ajouter les oignons et l'ail et cuire à feu doux 5 minutes, en remuant de temps en temps jusqu'à ce qu'ils soient tendres. Incorporer les poivrons rouges et verts, les piments et la coriandre et cuire 10 minutes en remuant de temps en temps.

2 Faire dorer les tortillas une par une 30 secondes de chaque côté dans une autre poêle. Ou, empiler les tortillas et les réchauffer au micro-ondes en suivant les instructions figurant sur le paquet.

3 Ajouter les champignons au mélange à base de légumes et cuire 1 minute sans cesser de remuer. Saler et poivrer selon son goût. Répartir les légumes dans les tortillas, les rouler et servir immédiatement.

prosciutto et figues

pour 4 personnes   **préparation : 5 min**   **cuisson : 0 min**

Si cette entrée italienne est la simplicité même, son succès ne se dément pas. C'est un choix idéal pour commencer un repas froid. Choisissez un excellent jambon fumé, Parme ou San Daniele.

INGRÉDIENTS

8 figues fraîches bien mûres

8 fines tranches de prosciutto

environ 175 g de poivre

VALEURS NUTRITIONNELLES	
Calories 145	
Protéines . . . . .13 g	
Glucides . . . . .20 g	
Lipides . . . . .6 g	
Acides gras saturés . . . . . . .2 g	

variante

Disposez 2 tranches de jambon sur chaque assiette, saupoudrez de copeaux de parmesan frais. Décorez avec 6 olives et servez avec une vinaigrette (*voir* page 13).

1 À l'aide d'un couteau tranchant, couper chaque figue verticalement en 4 en partant de la queue et en s'arrêtant juste avant la base. Ouvrir les figues délicatement en fleurs et en disposer 2 sur chacune des 4 assiettes de service.

2 Disposer 2 tranches de prosciutto entre les fruits sur chaque assiette.

3 Poivrer généreusement et servir à température ambiante.

tomates à la mozzarella

🕐 **cuisson : 0 min**   🕐 **préparation : 5 min**   **pour 4 personnes**

Appelée insalata tricolora (salade tricolore) en Italie, cette entrée savoureuse et décorative mérite les meilleurs ingrédients. Choisissez de la vraie mozzarella, faite avec du lait de bufflonne.

VALEURS NUTRITIONNELLES	
Calories	446
Protéines	. . . . .20 g
Glucides	. . . . .10 g
Lipides	. . . . .39 g
Acides gras saturés	. . . . . .13 g

INGRÉDIENTS

600 g de tomates olivettes

300 g de mozzarella

16 feuilles de basilic, entières ou coupées selon la taille

125 ml d'huile d'olive vierge extra, en accompagnement

1 À l'aide d'un couteau tranchant, couper les tomates en rondelles de 5 mm. Égoutter la mozzarella, jeter le petit lait, et la couper en tranches.

2 Alterner les tranches de tomate et de fromage en cercles sur un grand plat de service rond.

3 Parsemer la salade de feuilles de basilic et servir accompagné d'huile d'olive vierge extra.

conseil

Essayez de trouver des tomates olivettes maraîchères qui ont poussé au soleil en pleine terre, elles seront meilleures que les variétés produites en serre.

salades et en-cas

Plus on a une vie active, plus il est important de manger sain et équilibré.
Pourtant, trop souvent, on arrive en courant pour ouvrir un sachet de chips
et décapsuler une boisson avant de repartir en coup de vent ou de s'affaler,
à bout de souffle, devant la télé. Avec à peine plus de temps et d'efforts, on peut
préparer des plats nourrissants pour tous ces moments où on n'a pas envie d'un repas
complet, mais où le corps a absolument besoin de carburant. Les salades sont
la solution idéale quand cuisiner est au-dessus vos forces ou qu'il fait trop chaud.
Mais il serait dommage de se contenter d'une feuille de laitue nature avec un morceau
de fromage sec quand, en deux temps, trois mouvements, on peut confectionner
une salade grecque (voir p. 55) avec féta, tomates et olives, ou une salade Caesar
(voir p. 52) aux anchois et croûtons avec sa sauce à l'œuf si particulière.

Un en-cas chaud sera aussi facile à faire. Pour régaler à l'improviste des invités inattendus,
essayez le gratin au thon (voir p. 70). Pour un repas express le dimanche midi avant que chacun
ne vaque à ses activités favorites, voyez les spaghettis carbonara (voir p. 60). S'il est trop tard
pour le petit-déjeuner et trop tôt pour déjeuner, osez le brunch et ses œufs Bénédicte (voir p. 74).
Et si vous avez besoin d'accumuler de l'énergie avant les courses de Noël, jetez-vous sur un plat
fumant de riz caraïbe (voir p. 63).

salade niçoise

cuisson : 13 à 17 min

préparation : 12 à 15 min

pour 4 personnes

variante

Utilisez du thon frais. Huilez la tranche de thon, faites-la cuire au grill 2 minutes de chaque côté, émiettez et ajoutez au mélange à l'étape 3.

Cette salade provençale est certainement la plus connue et la plus appréciée dans le monde occidental. Le mélange de thon, de tomates, d'olives, de salade et de haricots verts est irrésistible.

INGRÉDIENTS

2 œufs	12 olives noires
12 petites pommes de terre nouvelles	2 cuil. à soupe de câpres en boîte,
sel	égouttées
115 g de haricots verts	2 cuil. à soupe de pignons
2 à 3 mini salades, laitues ou romaines	
200 g de thon à l'huile en boîte	SAUCE
6 filets d'anchois à l'huile en boîte	6 cuil. à soupe d'huile d'olive vierge
4 tomates	2 cuil. à soupe de vinaigre à l'estragon
4 oignons verts	1 cuil. à soupe de moutarde de Dijon
	1 gousse d'ail, finement hachée

conseil

Il existe divers vinaigres aromatisés aux herbes dans les grandes surfaces. À défaut de vinaigre à l'estragon utilisez un vinaigre de vin blanc nature.

1 Mettre les œufs dans une casserole d'eau, porter à ébullition, réduire le feu et cuire 12 minutes. Cuire les pommes de terre dans une casserole d'eau bouillante salée 12 à 15 minutes, jusqu'à ce qu'elles soient tendres, et faire blanchir les haricots verts 3 à 5 minutes dans de l'eau bouillante légèrement salée.

2 Ciseler la salade, égoutter et émietter le thon, égoutter les anchois et couper en 2 dans la longueur. Couper les tomates en quartiers et émincer les oignons verts. Pour la sauce, mettre tous les ingrédients dans une terrine et mélanger.

3 Égoutter les haricots, rafraîchir à l'eau courante et mettre dans une autre terrine avec les feuilles de salades, le thon, les tomates, les oignons verts, les olives et les câpres. Égoutter les œufs, rafraîchir à l'eau courante et réserver. Égoutter les pommes de terre et les ajouter à la salade. Faire griller légèrement les pignons sans matière grasse dans une poêle 1 à 2 minutes, en remuant souvent, jusqu'à

ce qu'ils soient dorés et en parsemer la salade. Écaler les œufs, couper en quartiers et ajouter à la salade.

4 Mélanger de nouveau la sauce, verser sur la salade et mélanger. Disposer les filets d'anchois et servir.

salade de tomates mexicaine

pour 4 personnes   **préparation : 5 min**   **cuisson : 0 min**

*Cette salade simple et économique fera aussi bien
un déjeuner léger, accompagnée de pain croustillant,
qu'un excellent accompagnement pour des grillades.*

INGRÉDIENTS

600 g de tomates, pelées, épépinées
et grossièrement concassées

1 oignon, coupé en fines rondelles

400 g de haricots rouges en boîte,
égouttés et rincés

1 piment vert doux, épépiné
et finement émincé

3 cuil. à soupe de coriandre
fraîche hachée

3 cuil. à soupe d'huile d'olive vierge

1 gousse d'ail, finement hachée

4 cuil. à soupe de jus de citron vert

sel et poivre

VALEURS NUTRITIONNELLES

Calories	210
Protéines	. . . . .8 g
Glucides	. . . . .35 g
Lipides	. . . . .9 g
Acides gras saturés	. . . . . . .1 g

variante

Si vous préférez, remplacez le piment
par un poivron vert et les haricots
rouges par des fèves vertes.

conseil

Si vous avez réservé la salade
au réfrigérateur, sortez-la avant
de servir de sorte qu'elle soit
à température ambiante.

1 Mélanger les tomates
et les rondelles d'oignon
dans une terrine, et ajouter
les haricots.

2 Mélanger le piment,
la coriandre, l'huile
d'olive, l'ail et le jus de citron
vert dans un vert doseur, saler
et poivrer selon son goût.

3 Verser la sauce obtenue
sur la salade et bien
mélanger. Servir immédiatement.
Ou, couvrir de film alimentaire
et réserver au réfrigérateur
avant de servir.

salade Caesar

cuisson : 6 min   **préparation : 5 à 10 min**   **pour 4 personnes**

VALEURS NUTRITIONNELLES	
Calories 506	
Protéines . . . . .16 g	
Glucides . . . . .28 g	
Lipides . . . . .38 g	
Acides gras saturés . . . . . . .9 g	

La recette classique de cette salade, créée par Caesar Cardini durant les années 20, comporte une sauce à l'œuf cru, alors qu'il est ici légèrement précuit.

INGRÉDIENTS

150 ml d'huile d'olive vierge

2 gousses d'ail

5 tranches de pain de mie,
sans la croûte et coupées en dés d'1 cm

1 gros œuf

2 à 3 mini salades, laitues ou romaines

2 cuil. à soupe de jus de citron

sel et poivre

8 filets d'anchois, égouttés
et grossièrement hachés

85 g de copeaux de parmesan frais

variante

Remplacez les cœurs de laitue par un mesclun de salades variées, roquette, feuille de chêne et lollo rossa par exemple.

conseil

Assaisonnez les salades juste avant de servir. Dans le cas contraire, elles cuisent et les feuilles prennent un aspect peu appétissant.

1 Porter une casserole d'eau à ébullition.

2 Chauffer 4 cuillerées à soupe d'huile d'olive dans une poêle à fond épais. Faire revenir l'ail et le pain 4 à 5 minutes, en remuant souvent, jusqu'à ce que le pain soient bien doré, retirer de la poêle à l'aide d'une écumoire et égoutter sur du papier absorbant.

3 Mettre l'œuf dans l'eau bouillante, cuire 1 minute et retirer de la casserole. Réserver.

4 Disposer les feuilles de salade dans une terrine. Mélanger l'huile d'olive restante et le jus de citron, et saler et poivrer selon son goût. Casser l'œuf, l'ajouter à la sauce et battre le tout. Verser la sauce obtenue sur la salade, mélanger, ajouter les croûtons et les anchois et mélanger de nouveau. Saupoudrer le tout de copeaux de parmesan et servir.

salade du chef

Le nom du chef responsable de la création de cette salade à l'assaisonnement inimitable semble s'être perdu dans les brumes du temps, mais son titre n'était pas usurpé.

INGRÉDIENTS

1 salade iceberg, coupée en lanières

175 g de jambon cuit,
coupé fines tranches

175 g de langue cuite,
coupée en fines tranches

350 g de poulet cuit,
coupé en fines tranches

175 g de gruyère ou d'emmenthal

4 tomates, coupées en quartiers

3 œufs durs, écalés
et coupés en quartiers

400 ml de sauce américaine
(*voir* page 13)

VALEURS NUTRITIONNELLES

Calories 730

Protéines . . . . .41 g

Glucides . . . . .10 g

Lipides . . . . .61 g

Acides gras saturés . . . . . .15 g

conseil

C'est une salade bien adaptée aux pique-niques. Mettez-la dans une grande boîte rigide, conservez la sauce dans un bocal hermétique et servez séparément.

1 Disposer la salade sur un grand plat de service et ajouter les viandes froides.

2 Couper le fromage en bâtonnets, répartir sur la salade et disposer les quartiers d'œuf et de tomates autour.

3 Servir immédiatement en présentant la sauce américaine séparément.

salade grecque

cuisson : 0 min   **préparation : 10 min**   **pour 4 personnes**

Comme on peut s'y attendre, cette salade est idéale pour les chaudes journées d'été. Le petit goût aigre de la féta contraste avec la fraîcheur du concombre, la saveur des tomates et le fruité des olives.

VALEURS NUTRITIONNELLES

Calories 373

Protéines . . . . .17 g

Glucides . . . . .4 g

Lipides . . . . .33 g

Acides gras saturés . . . . . . .2 g

INGRÉDIENTS

1 concombre, coupé en deux dans la longueur

18 tomates cerises, coupées en deux

400 g de féta

4 cuil. à soupe d'huile d'olive vierge

1 cuil. à soupe de jus de citron

12 olives noires

sel et poivre

pain ciabatta, en accompagnement

conseil

Si la féta était au départ faite à partir de lait de brebis, celui-ci est souvent remplacé par du lait de vache. Recherchez l'authentique féta de brebis grecque, qui est bien plus savoureuse.

1 À l'aide d'un couteau tranchant, couper le concombre en demi-rondelles de 1 cm et disposer sur 4 assiettes avec les tomates cerises.

2 Émietter la féta sur les salades et ajouter un filet d'huile d'olive vierge et de jus de citron.

3 Disposer les olives sur les salades, saler et poivrer selon son goût, sans oublier que la féta et les olives sont déjà salées. Mélanger délicatement et servir avec du pain ciabatta.

salade russe

pour 4 personnes   préparation : 10 min   cuisson : 20 min

Créée en France pour les aristocrates ayant fui la révolution russe, la recette de cette salade a, elle aussi, subi des changements spectaculaires au fil des années.

INGRÉDIENTS

115 g de pommes de terre roses
à chair ferme

115 g de fèves fraîches ou surgelées

115 g de jeunes carottes

115 g de mini-épis de maïs

115 g de jeunes navets

115 g de petits champignons de Paris,
finement émincés

350 g de grosses crevettes cuites,
décortiquées et déveinées

125 ml de mayonnaise

1 cuil. à soupe de jus de citron

2 cuil. à soupe de câpres,
rincées et égouttées

sel et poivre

2 cuil. à soupe d'huile d'olive vierge

4 œufs durs, écalés

4 filets d'anchois en boîte, égouttés
et coupés en deux

paprika, pour saupoudrer

VALEURS NUTRITIONNELLES

Calories 512

Protéines . . . . .32 g

Glucides . . . . .18 g

Lipides . . . . .37 g

Acides gras saturés . . . . . . .6 g

variante

Remplacez les champignons de Paris blancs par des champignons parfumés, selon son goût.

conseil

Si les anchois vous semblent trop salés, trempez-les dans un peu de lait 10 minutes, égouttez et séchez sur du papier absorbant.

1 Mettre les pommes de terre dans une casserole d'eau salée, porter à ébullition et cuire 20 minutes. Cuire les fèves 3 minutes dans une casserole d'eau bouillante légèrement salée, égoutter, rafraîchir à l'eau courante et réserver. Cuire les carottes, le maïs et les navets dans une casserole d'eau bouillante légèrement salée 6 minutes.

2 Mélanger les crevettes et les champignons dans une terrine. Mélanger le jus de citron et la mayonnaise dans une autre terrine et verser la moitié de la sauce obtenue dans le mélange à base de crevettes. Incorporer les câpres, saler et poivrer selon son goût.

3 Égoutter le mélange de légumes, rafraîchir

à l'eau courante et mettre dans une terrine. Procéder de même avec les pommes de terre et les ajouter dans la terrine. Écosser les fèves en pressant les côtés des cosses entre le pouce et l'index et les ajouter aux autres légumes. Ajouter l'huile d'olive et mélanger pour bien enrober le tout. Répartir les légumes sur 4 assiettes de service et ajouter le mélange à base de crevettes.

Disposer un œuf dur au centre et garnir de filets d'anchois. Saupoudrer les œufs de paprika et servir accompagné de la mayonnaise.

goujons de poulet

cuisson : 15 min　　　　**préparation : 15 min**　　　　**pour 4 personnes**

VALEURS NUTRITIONNELLES

Calories 655

Protéines . . . . .36 g

Glucides . . . . .51 g

Lipides . . . . .37 g

Acides gras saturés . . . . . .16 g

variante

Accompagnez les goujons de poulet de guacamole, de sauce américaine ou de mayonnaise.

Aussi apprécié des enfants que des adultes, ces savoureux morceaux de poulet panés feront aussi bien un repas léger, avec une salade et des pommes de terre nouvelles, qu'une entrée pour 6 personnes.

INGRÉDIENTS

4 blancs de poulet
de 115 g chacun, sans la peau

3 cuil. à soupe de farine

huile de tournesol, pour la friture

175 g de chapelure

1 cuil. à café de coriandre en poudre

2 cuil. à café de paprika

sel et poivre

2 œufs, légèrement battus

SAUCE AU FROMAGE BLANC
ET CIBOULETTE

115 g de fromage blanc

150 ml de crème aigre

3 cuil. à soupe de ciboulette, ciselée

sel et poivre

paprika, pour saupoudrer

GARNITURE

quartiers de citron

ciboulette fraîche

conseil

Assurez-vous que l'huile est à la bonne température pour la friture. Si elle est trop chaude, la viande brûle à l'extérieur mais l'intérieur ne cuit pas.

1 Mettre les blancs de poulet entre 2 feuilles de film alimentaire et aplatir à l'aide d'un maillet à viande ou d'un rouleau à pâtisserie jusqu'à épaisseur de 5 mm. Couper en biais en larges bandes de 2,5 cm. Verser la farine dans un sac plastique, ajouter le poulet par petites quantités et secouer pour bien enrober de farine.

2 Chauffer l'huile dans une poêle à fond épais à 180 °C, un dé de pain doit y brunir en 30 secondes. Mélanger la chapelure, le paprika et la coriandre, saler et poivrer selon son goût et mettre le mélange sur une assiette. Passer le poulet dans l'œuf battu et dans le mélange à base de chapelure. Faire frire le poulet en plusieurs fois dans

l'huile chaude jusqu'à ce qu'il soient bien doré. Retirer de la poêle à l'aide d'une écumoire et réserver sur du papier absorbant.

3 Pour la sauce, mélanger le fromage blanc, la crème aigre, la ciboulette, saler et poivrer selon son goût et saupoudrer de paprika. Disposer les goujons de poulet

sur un plat de service et garnir de tranches de citron. Décorer la sauce de ciboulette fraîche et servir.

spaghettis carbonara

pour 4 personnes　　　　**préparation : 10 min** ⏲　　　　**cuisson : 10 min** ⏲

Cette recette de pâtes est l'une des meilleures, des plus simples, des plus rapides et des plus économiques. Il faut juste garder les ingrédients très chauds pour que l'œuf cuise légèrement lorsque vous l'ajoutez au plat.

INGRÉDIENTS

450 g de spaghettis　　　　**1 jaune d'œuf par personne**

175 g de lardons　　　　**sel et poivre**

1 gousse d'ail, finement hachée　　　　**parmesan frais râpé, en accompagnement**

VALEURS NUTRITIONNELLES

Calories 607

Protéines . . . . .29 g

Glucides . . . . .88 g

Lipides . . . . .29 g

Acides gras saturés . . . . . .20 g

---

variante

Ajoutez de la crème fraîche aux pâtes à l'étape 2. Les végétariens remplaceront les lardons par des champignons de Paris émincés à l'étape 2.

---

conseil

Pour vraiment apprécier le goût du parmesan, achetez-le frais en morceau et râpez-le juste avant utilisation.

1 Porter à ébullition une grande casserole d'eau légèrement salée, ajouter les pâtes, porter de nouveau à ébullition et cuire 8 à 10 minutes jusqu'à ce qu'elles soient al dente.

2 Faire revenir les lardons et l'ail à feu moyen dans une poêle sans matière grasse, 5 minutes, jusqu'à ce qu'ils soient grillés mais encore tendres. Retirer de la poêle et égoutter sur du papier absorbant.

3 Égoutter les pâtes, remettre dans la casserole avec les lardons, l'ail et éventuellement un peu de crème fraîche. Saler et poivrer selon son goût et mélanger le tout à l'aide de 2 fourchettes.

Transférer dans des assiettes de service chaudes, disposer un jaune d'œuf dans sa coquille dans chaque assiette et servir immédiatement avec du parmesan râpé.

riz caraïbe

cuisson : 25 min   **préparation : 5 min**   **pour 4 personnes**

VALEURS NUTRITIONNELLES

Calories 674

Protéines . . . . .16 g

Glucides . . . . .123 g

Lipides . . . . .19 g

Acides gras saturés . . . . . .12 g

variante

À défaut de pois gunga, utilisez des pois chiches ou des pois espagnols en boîte.

Les pois gunga, aussi appelés gungo, pigeon ou pois de la Jamaïque, sont très répandus en Afrique, en Inde et dans les Caraïbes. Ils ont un goût particulier, plus proche de celui des haricots que des pois.

INGRÉDIENTS

25 g de beurre

1 oignon, émincé

1 gousse d'ail, finement hachée

1 carotte, coupée en dés

400 g de pois gunga en boîte, rincés et égouttés

1 bâton de cannelle

1 brin de thym frais

600 ml de bouillon de légumes (*voir* p. 13)

55 g de crème de coco

1 piment vert frais, épépiné et haché

sel et poivre

450 g de riz long grain

conseil

Rincez toujours le riz à l'eau courante avant utilisation, surtout le basmati et les riz longs grains, pour retirer l'excès d'amidon.

1 Faire fondre le beurre dans une poêle à fond épais ou une sauteuse. Ajouter l'oignon et l'ail et cuire 5 minutes à feu doux, en remuant de temps en temps, jusqu'à ce qu'ils soient tendres.

2 Ajouter la carotte, les pois, la cannelle, le thym, le bouillon de légumes, la crème de coco et le piment. Bien mélanger, saler et poivrer selon son goût. Porter le tout à ébullition en remuant fréquemment.

3 Ajouter le riz et porter à ébullition. Réduire le feu, couvrir et laisser frémir 15 minutes, jusqu'à ce que le liquide soit absorbé et le riz tendre. Retirer du feu, jeter le thym et la cannelle et égrainer le riz à l'aide d'une fourchette. Disposer dans des assiettes de service et servir.

riz pilaf express aux légumes

pour 4 personnes   **préparation : 5 min**   **cuisson : 15 à 20 min**

Servez ce riz parfumé, nourrissant, en plat unique pour un repas végétarien ou pour accompagner une viande ou un poisson, les quantités indiquées seront alors suffisantes pour 6 personnes.

INGRÉDIENTS

450 g de riz basmati

2 cuil. à soupe d'huile de tournesol

2 gousses d'ail, finement hachées

½ bâton de cannelle

2 gousses de cardamome

½ cuil. à café de graines de cumin

1 tomate, coupée en rondelles

55 g de petits champignons de Paris

85 g de petits pois

700 ml de bouillon de légumes

(*voir* p. 13)

VALEURS NUTRITIONNELLES

Calories 474

Protéines . . . . .10 g

Glucides . . . . .94 g

Lipides . . . . .6 g

Acides gras saturés . . . . . . .1 g

---

variante

Émincez les champignons s'ils sont trop gros et utilisez des petits pois surgelés à défaut de frais.

---

conseil

Si vous avez le temps, faites tremper le riz 10 minutes dans l'eau froide avant utilisation. Ce procédé le rendra plus léger.

1 Rincer le riz 2 à 3 fois en changeant l'eau, bien égoutter et réserver.

2 Chauffer l'huile dans une poêle ou une casserole. Ajouter l'ail, le cumin la cannelle et la cardamome et cuire 1 minute, sans cesser de remuer. Ajouter la tomate et les champignons, et cuire encore 3 minutes sans cesser de remuer.

3 Incorporer le riz et les pois et cuire 1 minute sans cesser de remuer de sorte que le riz soit bien enrobé.

Ajouter le bouillon de légumes et porter à ébullition. Réduire le feu, couvrir et laisser frémir 10 à 15 minutes, jusqu'à ce que le liquide soit absorbé et le riz tendre. Retirer du feu, jeter le bâton de cannelle et servir immédiatement.

nouilles Singapour

cuisson : 5 min

**préparation : 5 min,
macération : 10 min**

pour 4 personnes

VALEURS NUTRITIONNELLES	
Calories 430	
Protéines . . . . .27 g	
Glucides . . . . .39 g	
Lipides . . . . .18 g	
Acides gras saturés . . . . . . .4 g	

Cette recette de nouilles épicées s'adapte facilement à ce que vous avez sous la main, en remplaçant par exemple les crevettes par de petites boulettes de poisson thaïes. Pour gagner du temps, préparez la viande et les légumes pendant que les nouilles trempent.

INGRÉDIENTS

175 g de nouilles de riz

5 cuil. à soupe d'huile d'arachide

sel

2 oignons verts, émincés

85 g de crevettes cuites, décortiquées

175 g de porc cuit, coupé en tranches

85 g de poulet cuit, coupé en tranches

1 poivron vert, épépiné
et coupé en lanières

½ cuil. à café de sucre

2 cuil. à café de curry en poudre

2 cuil. à café de sauce de soja épaisse

variante

Utilisez du poulet et du porc hachés et remplacez le poivron vert par un poivron rouge.

conseil

Plus sucrée et plus parfumée que la sauce de soja claire, la sauce de soja épaisse s'accorde bien avec les plats contenant du bœuf, du porc ou du canard.

1 Mettre les nouilles dans une terrine, couvrir d'eau chaude et laisser tremper 10 minutes, ou selon les instructions figurant sur le paquet. Égoutter et sécher sur du papier absorbant. Chauffer la moitié de l'huile dans un wok préchauffé ou une poêle à fond épais. Ajouter les nouilles, une pincée de sel et faire revenir 2 minutes.

2 Chauffer le reste d'huile dans le wok ou la poêle. Ajouter les oignons, le porc, les crevettes, le poulet, le sucre, le poivron vert, le curry et une pincée de sel et faire revenir le tout 1 minute.

Retirer la préparation à l'aide d'une écumoire, disposer dans une terrine résistant à la chaleur et réserver.

3 Ajouter les nouilles et faire revenir encore 2 minutes sans cesser de remuer. Ajouter la sauce de soja et servir.

röstis au fromage

pour 4 personnes　　　　**préparation : 10 min** ⏲　　　　**cuisson : 15 min** ⏲

*Ces bouchées frites se dégustent à toute heure de la journée.
Des en-cas très appréciés lors d'une occasion spéciale.*

INGRÉDIENTS

225 g de fromage blanc épais

55 g de farine

2 grosses pommes de terre, râpées

1 œuf, légèrement battu

75 à 125 ml de lait

sel et poivre

huile de tournesol, pour la friture

VALEURS NUTRITIONNELLES

Calories 467

Protéines . . . . .7 g

Glucides . . . . .34 g

Lipides . . . . .38 g

Acides gras saturés . . . . . .19 g

conseil

Vous pouvez aussi faire cuire ces galettes 2 à 4 minutes dans une friteuse et les servir accompagnées d'une sauce pimentée ou d'une mayonnaise.

1 Battre le fromage blanc dans une terrine jusqu'à ce qu'il soit souple et lisse. Tamiser la farine dans une autre terrine et incorporer le fromage blanc. Ajouter les pommes de terre râpées, l'œuf et assez de lait et mélanger jusqu'à obtention une pâte lisse. Saler et poivrer selon son goût.

2 Chauffer 2,5 cm d'huile dans une poêle à fond épais. Répartir quelques cuillerées de pâte en les espaçant bien et faire frire 2 à 3 minutes de chaque côté, jusqu'à ce qu'elles soient bien dorées.

3 Retirer les galettes à l'aide d'une écumoire et égoutter sur du papier absorbant. Réserver au chaud jusqu'à ce que tout soit cuit et servir immédiatement.

choux au fromage

cuisson : 20 min

préparation : 10 min

pour 6 personnes

Légers comme l'air, ces choux frits sont des amuse-gueule originaux pour vos soirées de fête.

VALEURS NUTRITIONNELLES	
Calories 354	
Protéines . . . . .12 g	
Glucides . . . . .13 g	
Lipides . . . . .28 g	
Acides gras saturés . . . . . .14 g	

INGRÉDIENTS

100 g de farine

½ cuil. à café de paprika

sel et poivre

6 cuil. à soupe de beurre, coupé en dés

200 ml d'eau

3 œufs, légèrement battus

85 g de gruyère ou d'emmental râpé

huile de tournesol, pour la friture

55 g de parmesan frais, râpé

conseil

Pour faire frire, utilisez une friteuse ou une poêle à fond épais. Ne remplissez la friteuse d'huile qu'à moitié et la poêle au tiers au maximum.

1 Tamiser la farine, le paprika et ½ cuillerée à café de sel sur une feuille de papier sulfurisé. Mettre le beurre dans une casserole, ajouter l'eau et chauffer à feu doux, jusqu'à ce que le beurre fonde et que le liquide frémisse. Verser en pluie le mélange à base de farine et remuer à l'aide d'une cuillère en bois jusqu'à ce que la pâte se détache des parois de la casserole.

2 Retirer du feu et laisser refroidir 5 minutes. Incorporer progressivement les œufs, en remuant, jusqu'à obtention d'une pâte épaisse sans nécessairement utiliser tous les œufs. Incorporer l'emmental.

3 Chauffer l'huile à 180° C, un dé de pain doit y dorer en 30 secondes. Façonner des boulettes de pâte à l'aide de 2 cuillères, répartir dans la friture et cuire 3 à 4 minutes, jusqu'à ce qu'elles soient bien dorées. Retirer à l'aide une écumoire, égoutter sur du papier absorbant et réserver les choux au chaud jusqu'à ce qu'ils soient tous cuits. Disposer sur un plat de service chaud, saupoudrer de parmesan râpé et servir immédiatement.

gratin au thon

cuisson : 25 min   **préparation : 5 min**   **pour 4 personnes**

VALEURS NUTRITIONNELLES

Calories 458

Protéines . . . . .23 g

Glucides . . . . .50 g

Lipides . . . . .25 g

Acides gras saturés . . . . . .11 g

variante

Remplacez le thon par du maquereau et le cheddar par du parmesan ou de l'emmental, et frottez les croûtons d'ail ou d'oignon pour les parfumer.

Toute la saveur d'un gratin de poisson sans les difficultés de ce plat, parfait pour les jours où vous n'êtes pas d'humeur ou n'avez pas le temps de faire les courses et la cuisine.

INGRÉDIENTS

25 g de beurre, un peu plus pour graisser

25 g de farine

300 ml de lait

55 g de cheddar râpé

200 g de thon à l'huile en boîte

325 g de maïs en boîte, égoutté

sel et poivre

2 tomates, coupées en fines rondelles

70 g de croûtons

conseil

Pour cuire au micro-ondes, mettez les ingrédients dans une terrine, couvrez et faites cuire 5 minutes, jusqu'à ce que le plat soit bouillant en remuant à mi-cuisson. Transférez sur un plat de service avec les croûtons.

1 Préchauffer le four à 180° C (th.6). Faire fondre le beurre dans une casserole, verser la farine en pluie et cuire 1 minute, sans cesser de remuer. Retirer du feu et ajouter progressivement le lait sans cesser de battre.

2 Remettre sur le feu, porter à ébullition et cuire 2 minutes, sans cesser de remuer.

Retirer du feu et ajouter le fromage en remuant. Émietter le thon et ajouter à la préparation avec son huile.

Ajouter le maïs, saler et poivrer selon son goût.

3 Graisser un plat allant au four. Disposer les rondelles de tomates, et les recouvrir de préparation à base de thon. Émietter

les croûtons au-dessus du plat et cuire 20 minutes au four préchauffé. Servir.

omelette forestière

pour 2 personnes   **préparation : 5 min**   **cuisson : 7 à 8 min**

D'un grand secours quand le temps est compté, les œufs ne sont jamais ordinaires. Servie accompagnée d'une salade, cette omelette garnie de champignons à la crème fera un repas royal.

INGRÉDIENTS

25 g de beurre

6 œufs, légèrement battus

sel et poivre

GARNITURE

25 g de beurre

150 g de champignons sauvages, émincés

2 cuil. à soupe de crème fraîche

VALEURS NUTRITIONNELLES

Calories	.457
Protéines	.21 g
Glucides	.2 g
Lipides	.41 g
Acides gras saturés	.21 g

conseil

Utilisez les champignons disponibles, girolles, morilles, cèpes, agarics champêtres… Lavez et égouttez les girolles et les chanterelles, essuyez les cèpes et les agarics à l'aide d'un chiffon humide.

1 Pour la garniture, chauffer le beurre dans une poêle à fond épais. Ajouter les champignons et cuire 5 minutes à feu doux en remuant de temps en temps. Ajouter la crème fraîche, saler et poivrer selon son goût. Réserver au chaud.

2 Pour les omelettes, battre les œufs dans une terrine, saler et poivrer selon son goût. Chauffer la moitié du beurre dans une poêle à fond épais. Verser la moitié des œufs battus et cuire l'omelette en ramenant les œufs vers le centre à mesure qu'ils prennent et en soulevant les bords pour que l'œuf liquide passe dessous. Cuire jusqu'à ce que l'omelette soit dorée mais toujours baveuse.

3 Retirer l'omelette du feu. Garnir une moitié de champignons, replier l'autre en chausson sur la garniture et faire glisser sur une assiette. Réserver au chaud. Faire la seconde omelette selon le même procédé. Servir.

omelette aux fines herbes

🕐 cuisson : 4 min   🕐 préparation : 10 min   pour 2 personnes

Cette savoureuse omelette s'accordera très bien avec une salade de tomates ou un mesclun et une sauce vinaigrette (voir p. 13) pour un repas estival léger.

VALEURS NUTRITIONNELLES
Calories 320
Protéines . . . . .20 g
Glucides . . . . .1 g
Lipides . . . . .27 g
Acides gras saturés . . . . . .11 g

INGRÉDIENTS

6 œufs

4 cuil. à soupe de persil haché

4 cuil. à soupe d'estragon frais haché

4 cuil. à soupe de cerfeuil frais haché

2 cuil. à soupe de ciboulette fraîche ciselée

sel et poivre

25 g de beurre

mesclun, en accompagnement

conseil

Les fines herbes sont un mélange de 4 aromates : l'estragon, la ciboulette, le persil et le cerfeuil. À défaut, utilisez de la marjolaine, de l'origan ou de l'aneth.

1 Battre les œufs avec le persil, l'estragon, le cerfeuil et la ciboulette. Saler et poivrer selon son goût.

2 Chauffer la moitié du beurre dans une poêle à fond épais. Verser la moitié des œufs battus et cuire l'omelette en ramenant les parties prises vers le centre et en soulevant les bords pour que l'œuf liquide passe dessous. Cuire jusqu'à ce que l'omelette soit dorée mais toujours baveuse.

3 Retirer l'omelette du feu et faire glisser sur une assiette. Replier délicatement une moitié sur l'autre et réserver au chaud. Faire fondre le reste de beurre et faire la seconde omelette selon le même procédé. Servir immédiatement accompagné de mesclun.

œufs Bénédicte

pour 4 personnes   **préparation : 5 min**   **cuisson : 25 min**

Une version sophistiquée des classiques œufs au jambon
qui en a conservé tout le charme.

INGRÉDIENTS

25 g de beurre

4 tranches de jambon blanc

2 muffins, coupés en deux

4 œufs

feuilles de persil plat frais,
en garniture

SAUCE HOLLANDAISE

3 jaunes d'œufs

1 à 2 cuil. à soupe de jus de citron

1 pincée de poivre de Cayenne

sel et poivre

225 g de beurre, coupé en dés

VALEURS NUTRITIONNELLES

Calories 711

Protéines . . . . .18 g

Glucides . . . . .19 g

Lipides . . . . .64 g

Acides gras saturés . . . . . .37 g

variante

Chauffez, sans porter à ébullition, 150 ml de crème fraîche et 150 ml de mayonnaise et ajoutez à la sauce hollandaise.

conseil

Si la sauce est trop épaisse, ajoutez un peu d'eau chaude. Si vous la faites chauffer au-dessus d'une casserole d'eau, ne la laissez pas frémir.

1 Préchauffer le gril à température moyenne. Pour la sauce, battre les jaunes d'œufs, 1 cuillerée à soupe de jus de citron et le poivre de Cayenne dans une casserole à feu doux. Saler et poivrer selon son goût. Ajouter le beurre sans cesser de battre, jusqu'à ce qu'il fonde et que le mélange soit homogène. Retirer du feu et battre encore jusqu'à obtention

d'une crème épaisse. Ajouter du jus de citron et rectifier l'assaisonnement si nécessaire. Transférer dans un plat résistant à la chaleur et réserver au chaud au-dessus d'une casserole d'eau frémissante.

2 Chauffer le beurre à feu doux dans une poêle à fond épais. Ajouter le jambon et cuire 5 minutes, en retournant

de temps en temps. Faire griller les moitiés de muffins au gril préchauffé.

3 Porter une casserole d'eau à ébullition. Faire pocher l'œuf 3 à 4 minutes, jusqu'à ce que le blanc soit pris mais le jaune toujours liquide. Retirer et égoutter. Faire pocher les autres œufs selon le même procédé.

4 Disposer les 4 moitiés de muffins sur des assiettes de service et couvrir d'une tranche de fromage et d'un œuf. Remuer la sauce hollandaise et en verser une cuillerée sur chaque œuf. Garnir de feuilles de persil plat et servir.

tomates farcies

pour 4 personnes   **préparation : 10 min**   **cuisson : 20 min**

Tomates et anchois s'accordent parfaitement dans ce délicieux plat léger. À servir chaud ou tiède à la méditerranéenne.

INGRÉDIENTS

4 grosses tomates

8 filets d'anchois à l'huile en boîte, égouttés et hachés

25 g de chapelure blanche

1 gousse d'ail, finement hachée

1 cuil. à soupe d'huile d'olive

1 œuf, légèrement battu

sel et poivre

salade verte, en accompagnement

VALEURS NUTRITIONNELLES

Calories 100

Protéines . . . . .5 g

Glucides . . . . .13 g

Lipides . . . . .6 g

Acides gras saturés . . . . . . .1 g

conseil

Les tomates cœur-de-bœuf sont idéales pour cette recette car elles sont grosses, charnues et très parfumées. Choisissez-les mûres mais fermes pour qu'elles gardent leur forme une fois farcies et cuites.

1 Préchauffer le four à 190° C (th. 6-7). À l'aide d'un couteau tranchant, couper le chapeau des tomates et réserver. Retirer la chair à l'aide d'une cuillère à café et réserver. Disposer les tomates sur du papier absorbant ouverture vers le bas pour les égoutter.

2 Dans une terrine, mélanger les anchois, la chapelure, l'ail, l'huile d'olive, la chair de tomates et assez d'œuf pour lier la préparation. Saler et poivrer selon son goût.

3 Garnir les tomates de la préparation précédente et remettre les chapeaux. Disposer dans un grand plat allant au four et cuire au four préchauffé, 20 minutes. Disposer sur des assiettes et servir chaud ou tiède accompagné d'une salade verte.

beignets de tomates vertes

cuisson : 10 min

préparation : 5 min

pour 4 personnes

*Prêt en quelques minutes, cet en-cas croustillant
et doré mérite un César pour sa délicieuse saveur !*

VALEURS NUTRITIONNELLES	
Calories	255
Protéines	. . . . .6 g
Glucides	. . . . .38 g
Lipides	. . . . .11 g
Acides gras saturés	. . . . . . .2 g

INGRÉDIENTS

115 g de polenta

½ cuil. à café de sel à l'ail

1 cuil. à café de marjolaine séchée

2 cuil. à soupe de farine

sel et poivre

1 œuf

4 grosses tomates vertes ou à peine
mûres, coupées en tranches épaisses

huile de tournesol, pour la friture.

conseil

Faite de maïs moulu, la polenta
est très populaire en Italie.
Elle existe dans différentes
moutures, allant de grosse
à fine, et se trouve dans les
grandes surfaces et magasins
bios.

1 Mettre la polenta sur une assiette plate et ajouter le sel à l'ail et la marjolaine. Mettre la farine dans une autre assiette et saler et poivrer selon son goût. Battre légèrement l'œuf dans une assiette creuse.

2 Passer successivement les rondelles de tomates dans la farine, dans l'œuf battu et dans la polenta, en les secouant légèrement pour retirer l'excédent de panure.

3 Chauffer 2,5 cm d'huile dans une poêle à fond épais. Faire frire les beignets en plusieurs fois jusqu'à ce qu'ils soient dorés et croustillants, en les retournant à mi-cuisson. Réserver au chaud. Disposer sur un plat et servir.

boulettes de maïs doux à l'indonésienne

pour 4 personnes   **préparation : 10 min**   **cuisson : 10 à 15 min**

Ces petites boulettes de légumes épicées se dégustent chaudes ou froides en guise d'en-cas ou comme un des différents plats d'un repas indonésien.

INGRÉDIENTS

115 g de cacahuètes non salées

325 g de maïs en boîte, égoutté

1 oignon, finement haché

115 g de farine

1 cuil. à café de coriandre en poudre

½ cuil. à café de sambal olek ou sauce au piment

sel

1 à 2 cuil. à soupe d'eau chaude (facultatif)

huile d'arachide, pour la friture

VALEURS NUTRITIONNELLES

Calories	.440
Protéines	.13 g
Glucides	.61 g
Lipides	.23 g
Acides gras saturés	.4 g

conseil

Le sambal olek est une sauce très forte au piment qui se vend dans les magasins et supermarchés asiatiques. À défaut, utilisez une autre sauce au piment.

1 Hacher grossièrement les cacahuètes dans un robot de cuisine ou écraser dans un mortier à l'aide d'un pilon. Transférer dans une terrine, ajouter le maïs, l'oignon, la farine, la coriandre, le sambal olek, mélanger et saler selon son goût. Pétrir jusqu'à obtention d'une pâte, en ajoutant un peu d'eau si nécessaire.

2 Chauffer l'huile dans une poêle à fond épais ou une friteuse. Façonner des boulettes du volume d'une cuillère à soupe et cuire en plusieurs fois dans l'huile chaude.

3 Retirer les boulettes à l'aide d'une écumoire, égoutter sur du papier absorbant et réserver au chaud. Servir immédiatement ou laisser refroidir complètement.

chips de cacahuètes

cuisson : 10 min   **préparation : 5 min**   **pour 4 personnes**

Appréciées des enfants et des grands, ces chips sont idéales pour les réceptions car elles peuvent être faites à l'avance, conservées dans un récipient hermétique, et réchauffées 10 minutes à four moyen.

VALEURS NUTRITIONNELLES

Calories 212

Protéines . . . . .5 g

Glucides . . . . .18 g

Lipides . . . . .15 g

Acides gras saturés . . . . . . .3 g

INGRÉDIENTS

55 g de farine de riz

½ cuil. à café de levure chimique

1 gousse d'ail, finement hachée

½ cuil. à café de curcuma en poudre

½ cuil. à café de coriandre en poudre

⅛ cuil. à café de cumin en poudre

55 g de cacahuètes non salées, légèrement concassées

125 à 150 ml de lait de coco

sel

huile d'arachide, pour la friture

conseil

Le lait de coco, qu'il ne faut pas confondre avec le liquide contenu dans les noix, se trouve en boîte au rayon exotique des supermarchés et dans les magasins asiatiques.

1 Dans une terrine, mettre la farine de riz, l'ail, le curcuma, la coriandre, le cumin et les cacahuètes et bien mélanger. Ajouter progressivement assez de lait de coco jusqu'à obtention d'une pâte lisse et épaisse et saler selon son goût.

2 Chauffer 1,5 cm d'huile dans une poêle à fond épais ou une friteuse.

3 Disposer des cuillerées à soupe de pâte dans l'huile en les espaçant bien et cuire en plusieurs fois, jusqu'à ce que le dessus soit juste pris et le dessous doré. Retourner et cuire encore 1 minute, jusqu'à ce que l'autre côté soit doré. Retirer à l'aide d'une écumoire, égoutter sur du papier absorbant et réserver au chaud. Procéder de même avec la pâte restante.

viandes et volailles

*Les recettes suivantes prouvent que, contrairement aux idées reçues, cuisine rapide
ne signifie pas plats fades et peu équilibrés. Elles démontrent aussi qu'il n'est
pas nécessaire de passer des heures au fourneau pour créer des plats originaux,
savoureux et nourrissants, aussi bien pour les repas familiaux que pour recevoir
des amis, faire un lunch ou donner une réception. Essayez les côtes de porc
à la virginienne (voir p. 88) accompagnées de pêches et d'une sauce au poivre,
ou le très anglais toad in the hole à la gelée à l'oignon (voir p. 100) pour un dîner
familial ; servez des rouleaux d'asperges au jambon d'York (voir p. 95) ou des blancs
de poulet à l'estragon (voir p. 109) lors d'un déjeuner froid estival,
ou impressionnez vos invités au dîner avec des tournedos Rossini (voir p. 84)
ou des coquelets grillés à l'estragon (voir p. 112).*

*Même ceux qui n'aiment pas cuisiner ou n'ont que peu d'expérience peuvent
se créer un répertoire de recettes fabuleuses du monde entier allant du bœuf
Stroganov (voir p. 82) au poulet teriyaki (voir p. 105). Bœuf, porc, agneau, dinde
et poulet, sans parler des jambons et saucisses, grillés, braisés, frits ou rôtis,
composent ces recettes. Épicé, aromatique, ou riche et onctueux, il y a un plat
adapté à chaque occasion, et il ne vous faudra jamais plus de 30 minutes
pour régaler vos convives.*

bœuf stroganov

pour 4 personnes　　　**préparation : 5 min**　　　**cuisson : 12 à 15 min**

Des tranches de viande cuites dans une sauce crémeuse aux champignons ou comment recréer un classique en quelques minutes.

INGRÉDIENTS

40 g de farine

1 cuil. à café de paprika

**700 g de rumsteck,
coupé en tranches très fines**

55 g de beurre

1 oignon, finement haché

1 gousse d'ail, finement hachée

225 g de petits champignons de Paris

1 cuil. à soupe de jus de citron

2 cuil. à soupe de vin rouge

2 cuil. à soupe de coulis de tomates

350 ml de crème fraîche

**2 cuil. à soupe de ciboulette ciselée,
en garniture**

VALEURS NUTRITIONNELLES

Calories	570
Protéines	. . . . .44 g
Glucides	. . . . .23 g
Lipides	. . . . .36 g
Acides gras saturés	. . . . . .21 g

conseil

Il est préférable d'envelopper le morceau de rumsteack dans du film alimentaire et de le mettre 30 minutes dans le compartiment à glace du réfrigérateur ; la viande sera plus facile à couper.

1 Mettre la farine et le paprika dans un sac plastique et saler et poivrer. Secouer pour mélanger, mettre la viande par petites quantités et secouer de nouveau pour bien l'enrober.

2 Chauffer le beurre dans une poêle à fond épais. Ajouter l'oignon et l'ail et faire revenir à feu doux en remuant

de temps en temps, jusqu'à ce qu'ils soient tendres. Augmenter le feu, ajouter la viande et cuire sans cesser de remuer, jusqu'à ce qu'elle soit dorée. Ajouter les champignons, le jus de citron et le vin, réduire le feu et laisser frémir 5 minutes.

3 Incorporer le coulis de tomates, la crème fraîche et rectifier

l'assaisonnement si nécessaire. Garnir de ciboulette ciselée et servir immédiatement.

brochettes de bœuf

⏱ **cuisson : 8 min**　　　　⏱ **préparation : 15 min**　　　　**pour 4 personnes**

Un plat très simple et savoureux, apprécié en toute occasion,
et particulièrement adapté aux barbecues.

VALEURS NUTRITIONNELLES

Calories 335

Protéines . . . . .40 g

Glucides . . . . .4 g

Lipides . . . . .19 g

Acides gras saturés . . . . . . .4 g

INGRÉDIENTS

8 oignons verts

700 g de rumsteck, coupé en cubes

8 tomates cerises, coupées en deux

1 cuil. à soupe de moutarde
à l'ancienne

1 cuil. à soupe de sauce Worcester

½ cuil. à café de vinaigre balsamique

4 cuil. à soupe d'huile de tournesol

sel et poivre

conseil

Pour ces grillades, préférez les brochettes métalliques à celles en bois, moins pratiques car il faut les faire tremper dans l'eau 30 minutes avant utilisation pour éviter qu'elles ne brûlent à la cuisson.

1 Préchauffer le gril à température moyenne. Couper les oignons verts en tronçons de 4 à 5 cm de long et en deux dans la longueur. Piquer la viande, les oignons et demi-tomates sur 4 brochettes métalliques et disposer sur une grille.

2 Mélanger la moutarde, la sauce Worcester et le vinaigre dans une terrine. Ajouter l'huile de tournesol en battant et saler et poivrer selon son goût.

3 Enduire les brochettes de la sauce obtenue et passer 4 minutes au gril préchauffé. Retourner, enduire de nouveau de sauce et cuire encore 4 minutes. Disposer sur un plat de service et servir.

tournedos Rossini

cuisson : 25 min   préparation : 5 min   pour 4 personnes

VALEURS NUTRITIONNELLES

Calories 607

Protéines . . . . .33 g

Glucides . . . . .27 g

Lipides . . . . .39 g

Acides gras saturés . . . . . .21 g

variante

Remplacez les échalotes par
un petit oignon haché et utilisez
des champignons de Paris bruns,
plus parfumés que les blancs.

*Aussi appelé filet mignon, le tournedos a pris ce nom car un serveur,
choqué par la demande du compositeur Rossini d'un steak
accompagné de foie gras et de truffes, l'aurait servi en tournant
le dos aux autres clients. Il s'agit ici d'une version économique,
sans foie gras ni truffes, de ce plat luxueux.*

INGRÉDIENTS

4 fines tranches de pâté
de foie de volaille

4 tournedos de 2,5 cm d'épaisseur
ou 4 steaks ronds dans le filet

115 g de beurre

115 g de champignons, émincés

1 échalote, hachée

2 cuil. à soupe de farine

425 ml de bouillon de bœuf (*voir* p. 13)

125 ml de Madère

sel et poivre

4 tranches de pain de mie,
sans la croûte

conseil

Si vous avez le temps, pour
obtenir une viande très tendre,
mettez-la entre 2 feuilles de film
alimentaire et aplatissez-la
légèrement à l'aide d'un maillet
à viande ou d'un rouleau
à pâtisserie.

1 Préchauffer le gril à
température moyenne.
Couper le pâté en médaillons
de la taille des tournedos et
réserver. Faire fondre 25 g de
beurre dans une poêle à fond
épais, ajouter les champignons
et cuire 5 minutes, jusqu'à ce
qu'ils soient tendres. Ajouter
l'échalote et cuire encore 3 à
4 minutes en remuant de temps
en temps. Ajouter la farine

et cuire 1 minute sans cesser
de remuer. Retirer à l'aide
d'une écumoire et réserver.
Retirer la poêle du feu
et ajouter progressivement
le bouillon et le Madère.

2 Remettre la poêle sur le
feu et porter à ébullition
sans cesser de remuer. Saler
et poivrer selon son goût,
et laisser frémir 5 minutes.

3 Beurrer les tournedos
des 2 côtés avec 25 g
du beurre restant et poivrer
selon son goût. Cuire au gril
préchauffé 4 minutes de chaque
côté, ou selon son goût.
Chauffer le beurre restant dans
une grande poêle à fond épais,
ajouter les tranches de pain
de mie et faire dorer des 2 côtés.

4 Retirer les tournedos du
gril et réserver au chaud.
Chauffer les tranches de pâté
dans le jus de cuisson des
tournedos. Disposer les toasts
sur 4 assiettes de service
chaudes, mettre un tournedos
sur chaque toast et ajouter les
tranches de pâté. Verser les jus
de cuisson dans la sauce, filtrer,
ajouter les champignons
et servir avec la viande.

steaks à l'orange

pour 4 personnes **préparation : 5 min** **cuisson : 6 à 8 min**

Voici une recette délicieuse pour les grandes occasions, à réaliser avec du filet ou de l'aloyau, morceaux tous les deux très tendres.

INGRÉDIENTS

2 grosses oranges

25 g de beurre

4 steaks de 175 g chacun, dans le filet

sel et poivre

6 cuil. à soupe de bouillon de bœuf (*voir* page 13)

1 cuil. à soupe de vinaigre balsamique

feuilles de persil plat frais, en garniture

VALEURS NUTRITIONNELLES

Calories 330

Protéines . . . . .38 g

Glucides . . . . .18 g

Lipides . . . . .16 g

Acides gras saturés . . . . . . .8 g

variante

Vous pouvez remplacer 1 cuillerée à soupe de jus d'orange par la même quantité de Cointreau à l'étape 1.

conseil

Le vinaigre balsamique qui vient de Modène, en Italie, est le plus ancien et le meilleur vinaigre du monde. Il sert à parfumer les plats simples et les sauces salade. Vous le trouverez dans la plupart des grandes surfaces.

1 Prélever quelques zestes d'orange et réserver pour la garniture. Couper les oranges en deux, et réserver 4 fines rondelles pour la garniture. Presser le jus des moitiés restantes.

2 Faire fondre le beurre dans une poêle à frire à fond épais. Ajouter les steaks et cuire à feu moyen 1 à 2 minutes de chaque côté. Retirer de la poêle, saler, poivrer et réserver au chaud.

3 Verser le jus d'orange, le bouillon et le vinaigre dans la poêle et laisser frémir 2 minutes à feu doux.

Assaisonner la sauce selon son goût, remettre les steaks dans la poêle et les réchauffer à feu moyen 1 à 2 minutes, ou selon son goût. Transférer dans des assiettes chaudes, garnir de zestes, de tranches d'orange et de feuilles de persil. Servir immédiatement.

côte de porc à la virginienne

⏲ **cuisson : 22 min**   ⏱ **préparation : 5 min**   **pour 4 personnes**

VALEURS NUTRITIONNELLES

Calories 557

Protéines . . . . .40 g

Glucides . . . . .23 g

Lipides . . . . .39 g

Acides gras saturés . . . . . .13 g

*De succulentes pêches équilibrent la richesse du porc
pour un plat superbe et riche en couleurs.*

INGRÉDIENTS

2 cuil. à soupe d'huile de tournesol

4 côtes de porc de 175 g chacune

2 cuil. à soupe de vin blanc

1 oignon, haché

415 g d'oreillons de pêches au naturel
en boîte, égouttés

1 cuil. à soupe de poivre rose
ou de poivre vert en grains

150 ml de bouillon de poulet
(*voir* p. 13)

2 à 3 cuil. à café de vinaigre balsamique

sel et poivre

variante

Remplacez les pêches en boîte par
des abricots ou des fruits frais. Faites-les
blanchir, pelez, dénoyautez et coupez
en tranches.

1 Chauffer la moitié de
l'huile dans une poêle
à fond épais. Ajouter les côtes
de porc et cuire 6 minutes
de chaque côté, jusqu'à
ce qu'elles soient bien dorées.
Transférer dans un plat, couvrir
et réserver au chaud. Retirer
l'excédent de graisse de la poêle
et chauffer de nouveau.

Déglacer en ajoutant le vin
et cuire 2 minutes, sans cesser
de remuer, en détachant tous
les sucs. Verser la sauce obtenue
sur la viande, couvrir et réserver
au chaud.

2 Essuyer la poêle avec
du papier absorbant,
et chauffer le reste d'huile.

Ajouter l'oignon et cuire
5 minutes à feu doux, en
remuant de temps en temps,
jusqu'à ce qu'il soit tendre.
Couper les oreillons de pêches
en tranches.

3 Ajouter les pêches dans
la poêle et chauffer
1 minute. Ajouter les 2 grains

conseil

Le poivre rose est la baie d'un
arbre d'Amérique du Sud qui
n'est en fait pas un poivrier.
Le poivre vert est cueilli avant
maturité. Choisissez des baies
déshydratées plutôt qu'en
saumure ou au vinaigre.

de poivre roses ou verts, verser
le bouillon et porter à ébullition.
Remettre les côtes de porc
et le jus de cuisson dans la poêle
et assaisonner selon son goût
avec du sel, du poivre et du
vinaigre. Transférer le tout sur
des assiettes chaudes et servir.

sauté de porc

pour 4 personnes   **préparation : 15 min**   **cuisson : 12 min**

Les plats sautés renouvellent agréablement l'ordinaire, ils ajoutent de la variété aux menus quotidiens et se préparent rapidement.

INGRÉDIENTS

2 cuil. à soupe de sauce de soja épaisse

1 cuil. à soupe d'alcool de riz chinois

1 cuil. à soupe de vinaigre de riz chinois

1 cuil. à soupe de sucre roux

1 cuil. à café de poudre de cinq épices

225 g de rondelles d'ananas en boîte

1 cuil. à soupe de maïzena

1 cuil. à soupe d'huile d'arachide

4 oignons verts, émincés

1 gousse d'ail, finement hachée

1 morceau de 2,5 cm de gingembre frais, finement haché

350 g de longe de porc, coupée en fines tranches

3 carottes, coupées en bâtonnets

175 g de mini-épis de maïs

1 poivron vert, épépiné et coupé en lanières

115 g de pousses de soja

115 g de mange-tout

VALEURS NUTRITIONNELLES	
Calories	.274
Protéines	.23 g
Glucides	.41 g
Lipides	.10 g
Acides gras saturés	.3 g

variante

Remplacez l'alcool de riz par du xérès sec et les haricots par la même quantité de pois.

conseil

La poudre de cinq épices chinoise, différente de son homonyme indienne, est composée de poivre du Sichuan, de graines de fenouil, de clous de girofle, de cannelle et d'anis étoilé.

1 Mélanger la sauce de soja, l'alcool et le vinaigre de riz, le sucre et le cinq épices dans une terrine. Égoutter l'ananas et réserver le jus dans une terrine. Couper les tranches en petits morceaux et réserver. Mettre la farine dans le jus d'ananas, battre jusqu'à obtention une pâte lisse et mélanger à la sauce de soja. Réserver.

2 Chauffer l'huile dans un wok ou une grande poêle à fond épais. Ajouter les oignons verts, l'ail, le gingembre et faire revenir 30 secondes. Ajouter la viande et faire revenir encore 3 minutes, jusqu'à ce qu'elle soit dorée.

3 Ajouter les carottes, le maïs et le poivron vert et faire revenir 3 minutes.

Ajouter les pousses de soja et les mange-tout et faire revenir encore 2 minutes. Ajouter l'ananas, le mélange à base de sauce de soja et cuire encore 2 minutes, sans cesser de remuer, jusqu'à ce que le mélange épaississe. Transférer dans des bols de service chauds et servir immédiatement.

porc aux champignons à la crème

🕐 **cuisson : 15 min**　　　🕐 **préparation : 10 min**　　　**pour 4 personnes**

VALEURS NUTRITIONNELLES

Calories 424

Protéines . . . . .40 g

Glucides . . . . .3 g

Lipides . . . . .26 g

Acides gras saturés . . . . . .14 g

variante

Utilisez de petits champignons de Paris et ajoutez 25 g de champignons séchés trempés 20 minutes dans l'eau et égouttés.

Le choix parfait pour recevoir, cette recette très facile à préparer est un véritable régal pour les yeux et les papilles.

INGRÉDIENTS

25 g de beurre doux

700 g de longe de porc, coupée en fines tranches

sel et poivre

280 g d'un mélange de champignons de Paris et sauvages, coupés en deux ou en quatre selon la taille

6 cuil. à soupe de vin blanc sec

225 ml de crème épaisse

1 cuil. à soupe de sauge fraîche hachée

conseil

Si possible, utilisez des herbes aromatiques fraîches plutôt que sèches. À défaut cherchez des herbes lyophilisées au rayon surgelés des grandes surfaces.

1 Faire fondre le beurre dans une poêle à fond épais. Ajouter le porc et faire revenir 5 minutes à feu moyen, en remuant fréquemment, jusqu'à ce qu'il soit bien doré. Transférer dans un plat à l'aide d'une écumoire et saler

et poivrer selon son goût. Couvrir et réserver au chaud.

2 Ajouter les champignons dans la poêle et cuire 5 à 7 minutes, en remuant fréquemment, jusqu'à ce qu'ils soient tendres. Ajouter le vin,

porter à ébullition et laisser réduire. Ajouter la crème épaisse et porter de nouveau à ébullition.

3 Remettre la viande dans la poêle, incorporer la sauge et chauffer le tout

1 à 2 minutes. Transférer dans un plat de service et servir immédiatement.

jambon sauce Madère

Une version simplifiée, tout aussi délicieuse, d'une recette ancienne qui exigeait beaucoup plus de temps et d'efforts. À servir avec des légumes verts et des pommes de terre pour un délicieux dîner.

INGRÉDIENTS

**4 steaks de jambon fumé
de 225 g chacun**

25 g de beurre

2 clous de girofle

1 lamelle de macis

225 ml de Madère

2 cuil. à café de moutarde à l'ancienne

feuilles de persil plat frais, en garniture

VALEURS NUTRITIONNELLES

Calories	.493
Protéines	.67 g
Glucides	.4 g
Lipides	.18 g
Acides gras saturés	.8 g

conseil

Vous trouverez le macis en lamelles ou en poudre. Préférez les lamelles, car la poudre s'évente rapidement, et conservez-les au frais dans un récipient hermétique.

1 Inciser les couennes des steaks de jambon à l'aide de ciseaux de cuisine pour éviter qu'ils se recourbent à la cuisson.

2 Faire fondre le beurre dans une poêle à fond épais. Ajouter les clous de girofle et le macis. Ajouter les tranches de viande, et cuire, en plusieurs fois si nécessaire, 3 minutes de chaque côté. Transférer sur un plat chaud, couvrir et réserver au chaud.

3 Déglacer en ajoutant le Madère dans la poêle, porter à ébullition, sans cesser de remuer, en détachant tous les sucs. Ajouter la moutarde et cuire encore 2 minutes, jusqu'à obtention d'une sauce lisse et épaisse. Verser la sauce sur la viande, garnir de feuilles de persil et servir.

rouleaux d'asperges au jambon d'York

🕐 **cuisson : 25 min**   🕐 **préparation : 5 min**   **pour 6 personnes**

Il est difficile de ne pas réussir cette association de fines tranches de jambon, d'asperges et de béchamel crémeuse au fromage. Idéale en plat de résistance ou en guise d'entrée pour 8 à 10 personnes.

VALEURS NUTRITIONNELLES

Calories 464

Protéines . . . . .33 g

Glucides . . . . .22 g

Lipides . . . . .31 g

Acides gras saturés . . . . . .18 g

INGRÉDIENTS

850 g de pointes d'asperges en boîte, égouttées

12 tranches de jambon d'York cuit

BÉCHAMEL AU FROMAGE

55 g de beurre

55 g de farine

600 ml de lait

1 cuil. à soupe de moutarde de Dijon

140 g de cheddar, râpé

150 g de gruyère ou d'emmental, râpé

1 pincée de noix muscade, fraîchement râpée

conseil

Le jambon d'York est l'un des meilleurs jambons anglais cuits à l'os, de fabrication traditionnelle, de même que le jambon du Suffolk.

1 Préchauffer le four à 180° C (th.6). Pour la béchamel, faire fondre le beurre dans une casserole à fond épais, verser la farine en pluie et cuire 1 minute, sans cesser de remuer. Retirer du feu et ajouter progressivement le lait en battant. Remettre sur le feu et porter à petite ébullition, sans cesser de remuer.

2 Cuire, sans cesser de remuer jusqu'à ce que le mélange épaississe, retirer du feu et incorporer la moutarde et les fromages. Assaisonner avec la muscade, du sel et du poivre, selon son goût.

2 Répartir les asperges sur les tranches de jambon. Rouler les asperges dans

le jambon et mettre dans un plat allant au four, le bord des tranches en dessous. Napper le tout de béchamel au fromage.

3 Cuire 20 minutes au four préchauffé et servir immédiatement.

côtes d'agneau à l'espagnole

pour 4 personnes　　　　**préparation : 5 min**　　　　**cuisson : 25 min**

Poivrons, tomates, olives et aromates apportent leurs couleurs et leurs parfums à cette recette simple de côtelettes d'agneau.

INGRÉDIENTS

1 cuil. à soupe d'huile d'olive vierge

1 oignon, émincé

1 gousse d'ail, finement hachée

2 poivrons rouges, épépinés et coupés en lanières

8 côtelettes d'agneau, dégraissées

400 g de tomates concassées en boîte

2 cuil. à café de thym frais haché

1 cuil. à café de romarin frais haché

2 cuil. à soupe d'olives noires

sel et poivre

VALEURS NUTRITIONNELLES

Calories 465

Protéines . . . . .17 g

Glucides . . . . .17 g

Lipides . . . . .40 g

Acides gras saturés . . . . . .19 g

---

variante

Remplacez les poivrons rouges par des poivrons jaunes ou orange et l'oignon par un oignon rouge.

---

conseil

Vous trouverez des olives dénoyautées sur les marchés et dans les grandes surfaces. Choisissez celles conservées dans l'huile plutôt qu'en saumure, qui rendent parfois le plat trop salé.

1 Chauffer l'huile dans une poêle à fond épais. Ajouter l'oignon, les poivrons et l'ail et cuire à feu doux 5 minutes, jusqu'à ce qu'ils soient tendres.

2 Augmenter le feu, ajouter les côtelettes d'agneau et faire revenir à feu moyen, 1 à 2 minutes de chaque côté, jusqu'à ce qu'elles soient dorées.

3 Ajouter les tomates concassées, le thym et le romarin, couvrir et cuire 15 minutes, jusqu'à ce que la viande soit tendre. Ajouter les olives, saler et poivrer

selon son goût et servir immédiatement directement dans la poêle.

sauté d'agneau

cuisson : 15 min   **préparation : 10 min**   **pour 4 personnes**

VALEURS NUTRITIONNELLES

Calories 464

Protéines . . . . .33 g

Glucides . . . . .23 g

Lipides . . . . .31 g

Acides gras saturés . . . . . .11 g

variante

Remplacez le jus de citron vert par du jus de citron. Pour un plat moins épicé ne mettez qu'un piment rouge frais.

Si les sautés d'agneau sont moins courants que ceux de porc ou de bœuf, ils sont néanmoins excellents, comme le prouve cette association de collier d'agneau et de légumes croquants, parfumée à la menthe.

INGRÉDIENTS

4 cuil. à soupe d'huile d'arachide

550 g de collier d'agneau, coupé en fines tranches

1 gros oignon, finement haché

2 gousses d'ail, finement hachées

2 piments rouges, épépinés et finement émincés

175 g de mange-tout

350 g d'épinards frais

2 cuil. à soupe de jus de citron vert

3 cuil. à soupe de sauce d'huître

2 cuil. à soupe de sauce de poisson thaïe

2 cuil. à café de sucre

5 cuil. à soupe de menthe fraîche ciselée

sel et poivre

conseil

La sauce d'huître est une sauce de soja épaisse parfumée au jus d'huître. Sa saveur délicate convient aux plats demandant à être égayés. Vous la trouverez dans les grandes surfaces et magasins asiatiques.

1 Chauffer l'huile dans un wok ou une poêle à fond épais. Ajouter l'agneau et faire revenir à feu vif 2 à 3 minutes, jusqu'à ce qu'il soit bien doré. Retirer à l'aide d'une écumoire et égoutter sur du papier absorbant.

2 Ajouter l'oignon, l'ail et le piment dans le wok ou la poêle et faire revenir 3 minutes. Ajouter les mange-tout, faire revenir 2 minutes et ajouter les feuilles d'épinards. Remettre l'agneau dans le wok ou la poêle.

3 Ajouter le jus de citron vert, la sauce d'huître, la sauce de poisson thaïe et le sucre et cuire 4 minutes, sans cesser de remuer, jusqu'à ce que la viande soit bien tendre. Incorporer la menthe ciselée, saler et poivrer selon son goût et servir immédiatement.

toad in the hole à la sauce à l'oignon

pour 4 personnes　　　**préparation : 5 min**　　　**cuisson : 20 min**

Ce plat anglais était autrefois fait avec des morceaux de viande cuite et de lard, remplacés de nos jours par des saucisses de porc. Son nom signifie « crapaud dans le trou », et pourtant les Anglais, comme chacun le sait, ne mangent même pas de grenouilles !

INGRÉDIENTS

8 saucisses de porc à l'anglaise

25 g de saindoux ou 2 cuil. à soupe d'huile, pour graisser

3 œufs

sel et poivre

300 ml de lait

115 g de farine

SAUCE À L'OIGNON

2 cuil. à soupe d'huile de tournesol

1 oignon, émincé

1 cuil. à soupe de farine

200 ml de bouillon de poulet (*voir* p. 13)

1 cuil. à café de vinaigre de vin rouge

sel et poivre

VALEURS NUTRITIONNELLES

Calories 780

Protéines . . . . .23 g

Glucides . . . . .52 g

Lipides . . . . .58 g

Acides gras saturés . . . . . .21 g

variante

Pour une pâte très croustillante, remplacez la moitié du lait par de l'eau. Pour une saveur plus prononcée, ajoutez 1 cuillerée à café de thym séché.

conseil

Préchauffez le four avant de commencer quoi que ce soit. Il est indispensable qu'il soit très chaud, tout comme la plaque de four, avant de mettre la pâte à cuire.

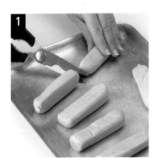  

1 Préchauffer le four à 230 °C (th. 7-8). Séparer les saucisses à l'aide de ciseaux de cuisine, disposer sur une plaque de four et précuire au four préchauffé, 10 minutes. Graisser les alvéoles d'un moule à muffins et préchauffer au four en même temps que les saucisses.

2 Dans une terrine, battre légèrement les œufs salés et poivrés selon son goût à l'aide d'un fouet, et ajouter la moitié du lait. Tamiser la farine dans une terrine, ajouter les œufs battus, mélanger jusqu'à obtention d'une pâte lisse et ajouter le reste du lait. Retirer les saucisses et le moule à muffins du four. Mettre 2 saucisses dans chaque alvéole, garnir de pâte et cuire au four 10 minutes, jusqu'à ce que la pâte lève et soit dorée.

3 Pour la sauce à l'oignon, chauffer l'huile dans une poêle à fond épais, ajouter l'oignon et faire revenir à feu doux 5 minutes, en remuant de temps en temps, jusqu'à ce qu'il soit tendre. Verser la farine en pluie et cuire encore 1 minute, sans cesser de remuer. Retirer la casserole du feu et incorporer le bouillon progressivement.

4 Remettre sur le feu et porter à ébullition, sans cesser de remuer. Incorporer le vinaigre, saler et poivrer selon son goût. Retirer le plat du four et servir la sauce séparément.

escalopes de dinde à l'orange

 cuisson : 10 min   préparation : 10 min   pour 4 personnes

VALEURS NUTRITIONNELLES

Calories 300

Protéines . . . . .34 g

Glucides . . . . .2 g

Lipides . . . . .18 g

Acides gras saturés . . . . . .9 g

Ce plat estival parfumé ne nécessite rien d'autre qu'une salade croquante et du pain croustillant pour faire un excellent dîner.

INGRÉDIENTS

4 escalopes de dinde
d'environ 140 g chacune

sel et poivre

55 g de beurre

2 cuil. à soupe d'huile d'olive

6 cuil. à soupe de bouillon de poulet
(*voir* p. 13)

3 à 4 cuil. à soupe de jus d'orange

1 cuil. à soupe de cerfeuil frais ciselé

GARNITURE

rondelles d'orange

brins de cerfeuil frais

variante

Pour une sauce au citron, remplacez le jus d'orange par du jus de citron, les rondelles d'orange par du citron et le cerfeuil par de la citronnelle.

conseil

Les oranges sanguines, très juteuses, s'accordent très bien avec ce plat grâce à leur pointe d'acidité. À défaut utilisez des oranges ordinaires.

1 Mettre les escalopes de dinde entre 2 feuilles de film alimentaire et les aplatir à l'aide d'un maillet à viande ou d'un rouleau à pâtisserie jusqu'à épaisseur de 5 mm. Saler et poivrer selon son goût.

2 Faire fondre la moitié du beurre avec l'huile dans une poêle à fond rainuré.

Ajouter 2 tranches de viande et cuire à feu vif, 3 à 4 minutes, en retournant une fois, jusqu'à ce qu'elles soient bien dorées. Cuire les 2 tranches restantes selon le même procédé et réserver au chaud.

3 Verser le bouillon dans la poêle. Porter à ébullition et remuer en

détachant les sucs. Ajouter 3 cuillerées à soupe de jus d'orange, le beurre restant et le cerfeuil. Réduire le feu et laisser frémir.

4 Remettre les jus de cuisson éventuels et la viande dans la poêle et réchauffer à feu doux, 1 minute de chaque côté.

Rectifier l'assaisonnement, en ajoutant du jus d'orange si nécessaire. Garnir de rondelles d'orange et de brins de cerfeuil et servir.

poulet cordon bleu

Extrêmement en vogue et populaire autrefois, ce plat est aujourd'hui passé de mode. C'est regrettable car il associe texture et saveur, et sa préparation est la simplicité même.

INGRÉDIENTS

4 blancs de poulet de 140 g chacun,
sans la peau

4 tranches de jambon cuit

4 cuil. à soupe d'emmental râpé

sel et poivre

2 cuil. à soupe d'huile d'olive

115 g de petits champignons de Paris,
émincés

4 cuil. à soupe de vin blanc sec

VALEURS NUTRITIONNELLES

Calories 300

Protéines . . . . .40 g

Glucides . . . . .2 g

Lipides . . . . .15 g

Acides gras saturés . . . . . . .5 g

variante

Remplacez l'emmental par 115 g de ricotta et les champignons de Paris blancs par des bruns.

1 Mettre les blancs de poulet entre 2 feuilles de film alimentaire et aplatir à l'aide d'un maillet à viande ou d'un rouleau à pâtisserie jusqu'à épaisseur de 5 mm.

2 Mettre une tranche de jambon sur chaque blanc de poulet et saupoudrer la moitié de la surface d'une cuillerée à soupe de fromage râpé. Saler et poivrer selon son goût, replier les escalopes en chaussons et les fermer à l'aide d'une pique à cocktail.

3 Chauffer l'huile dans une poêle à fond épais. Ajouter le poulet et cuire 2 à 3 minutes de chaque côté, jusqu'à ce qu'il soit bien doré.

Retirer de la poêle et réserver au chaud. Mettre les champignons dans la poêle et faire revenir 2 à 3 minutes, en remuant fréquemment, jusqu'à ce qu'ils soient bien dorés. Remettre la viande dans la poêle et ajouter le vin.

4 Réduire le feu et laisser frémir 15 minutes, jusqu'à ce que la viande soit tendre et cuite à cœur. Retirer les piques à cocktail et servir le poulet accompagné de champignons.

poulet teriyaki

cuisson : 15 min **préparation : 15 min** **pour 4 personnes**

Cette recette de poulet frit à la japonaise est très savoureuse, même s'il ne marine que très peu de temps. Pour un goût authentique, utilisez du tamari, la vraie sauce de soja japonaise, si vous en trouvez.

VALEURS NUTRITIONNELLES

Calories 348

Protéines . . . . .29 g

Glucides . . . . .52 g

Lipides . . . . .4 g

Acides gras saturés . . . . . . .1 g

INGRÉDIENTS

450 g de blancs de poulet, sans la peau et coupés en tranches

2 cuil. à soupe de tamari ou de sauce de soja épaisse

1 cuil. à soupe d'alcool de riz chinois

1 cuil. à soupe de xérès sec

1 cuil. à café de sucre

zeste d'1 orange

225 g de riz long grain

500 ml d'eau

1 pincée de sel

conseil

Couvrez la marinade de film alimentaire et mettez-la au réfrigérateur. Pour une saveur plus prononcée, laissez mariner 2 heures en retournant de temps en temps.

1 Mettre la viande dans un plat peu profond. Mélanger le tamari ou la sauce de soja épaisse, l'alcool de riz, le xérès, le sucre et le zeste d'orange dans une terrine sans cesser de remuer, jusqu'à ce que le sucre soit dissous. Verser la marinade obtenue sur la viande, remuer de sorte que le poulet soit bien imprégné et laisser mariner 15 minutes.

2 Verser le riz dans une casserole à fond épais. Ajouter l'eau, le sel et porter à ébullition. Remuer une fois, réduire le feu, couvrir et laisser frémir à feu doux, 10 minutes. Retirer du feu sans découvrir.

3 Chauffer un wok ou une poêle à fond épais. Ajouter le poulet et la marinade et cuire 5 minutes, sans cesser de remuer, jusqu'à ce que la viande soit cuite à cœur. Retirer le couvercle du riz, égrainer à l'aide d'une fourchette, et servir avec le poulet.

poulet à la chinoise

pour 4 personnes　　　　　**préparation : 10 min**　　　　　**cuisson : 4 min**

Comme dans toutes les recettes asiatiques, les associations et les contrastes de saveurs, de couleurs et de textures produisent un mets harmonieux, et tout à fait délicieux.

INGRÉDIENTS

280 g de blancs de poulet, sans la peau et coupés en tranches très fines

¼ de cuil. à café de maïzena

1 cuil. à café ¼ d'eau

1 petit blanc d'œuf, légèrement battu

sel

4 cuil. à soupe d'huile d'arachide

2 oignons verts, coupés en tronçons

115 g de haricots verts, coupés en deux

8 champignons shiitake, coupés en deux si nécessaire

115 g de pousses de bambou en boîte, rincées et égouttées

1 cuil. à café de gingembre frais haché

1 cuil. à soupe de sauce de soja épaisse

1 cuil. à soupe d'alcool de riz chinois ou de xérès sec

1 cuil. à café de sucre brun

1 filet d'huile de sésame

VALEURS NUTRITIONNELLES

Calories 214

Protéines . . . . .18 g

Glucides . . . . .6 g

Lipides . . . . .14 g

Acides gras saturés . . . . . . .3 g

---

variante

Remplacez les shiitake par des girolles ou des chanterelles, selon votre goût.

conseil

L'huile de sésame est très utilisée dans les plats chinois et asiatiques. On l'ajoute en général en fin de cuisson pour parfumer car elle brûle facilement.

1 Couper les tranches de viande en petits morceaux et mettre dans une terrine. Délayer la maïzena dans l'eau et mélanger jusqu'à obtention d'une pâte lisse. Verser la pâte obtenue sur le poulet avec le blanc d'œuf et une pincée de sel et remuer pour bien enrober la viande.

2 Chauffer l'huile dans un wok préchauffé ou une poêle à fond épais. Ajouter la viande et faire revenir 45 secondes à feu moyen, jusqu'à ce qu'elle soit dorée. Retirer à l'aide d'une écumoire.

3 Augmenter le feu, ajouter les oignons verts, les haricots verts, les pousses de bambou, les champignons et le gingembre et faire revenir 1 minute à feu vif, sans cesser de remuer. Remettre le poulet dans le wok. Mélanger la sauce de soja et l'alcool de riz ou le xérès dans une terrine, et verser dans le wok avec le sucre et une pincée de sel.

Cuire encore 1 minute, sans cesser de remuer. Ajouter un filet d'huile de sésame et servir immédiatement.

poulet laqué au miel

pour 4 personnes préparation : 5 min  cuisson : 20 min

Ce glaçage parfumé au miel et au xérès peut se badigeonner sur n'importe quels morceaux de poulet, ici des cuisses, avant de les cuire au gril ou au barbecue.

INGRÉDIENTS

8 cuisses de poulet

sel

GLAÇAGE

250 ml de xérès demi-sec

1 cuil. à soupe de chapelure

3 cuil. à soupe de miel liquide

3 cuil. à soupe de vinaigre de vin rouge

1 cuil. à soupe de sauce de soja épaisse

3 gousses d'ail, finement hachées

VALEURS NUTRITIONNELLES

Calories	300
Protéines	. . . . .23 g
Glucides	. . . . .40 g
Lipides	. . . . .6 g
Acides gras saturés	. . . . . . .2 g

conseil

Pour vérifier la cuisson de la viande, piquez-la à l'aide de la pointe d'un couteau ou d'une brochette dans la partie la plus charnue : le jus qui s'en écoule doit être clair, sans trace rosée.

1 Préchauffer le gril à température moyenne. Pour la glaçage, verser 225 ml de xérès dans une casserole et porter à ébullition 6 minutes, jusqu'à ce que le tout réduise de moitié. Délayer la chapelure dans le xérès restant et mélanger jusqu'à obtention d'une pâte lisse.

2 Retirer la casserole du feu et verser le miel, le vinaigre, la sauce de soja et l'ail en battant. Remettre sur le feu et ajouter la pâte à base de maïzena. Laisser frémir 1 minute sans cesser de battre, retirer du feu et laisser tiédir.

3 Saler les cuisses de poulet et disposer sur une grille avec lèchefrite. Enduire généreusement de glaçage et cuire 7 minutes au gril préchauffé.

4 Retourner les cuisses, enduire de nouveau de glaçage et cuire encore 3 à 4 minutes, jusqu'à ce que la viande soit cuite à cœur et bien tendre. Transférer dans des assiettes chaudes et servir immédiatement.

blancs de poulet à l'estragon

⏲ **cuisson : 20 min**   ⏲ **préparation : 5 min**   **pour 4 personnes**

Proche de la recette classique, ce plat injustement sous-estimé est un mets excellent pour une soirée décontractée entre amis.

VALEURS NUTRITIONNELLES

Calories 420

Protéines . . . . .39 g

Glucides . . . . .3 g

Lipides . . . . .27 g

Acides gras saturés . . . . . .15 g

INGRÉDIENTS

4 blancs de poulet de 175 g chacun, sans la peau

sel et poivre

125 ml de vin blanc sec

250 à 300 ml de bouillon de poulet (*voir* p. 13)

1 gousse d'ail, finement hachée

1 cuil. à soupe d'estragon séché

175 g de crème épaisse

1 cuil. à soupe d'estragon frais haché

brins d'estragon frais, en garniture

conseil

Les pinces sont l'outil le plus efficace pour retirer les blancs de poulet de la poêle. Vérifiez que la viande est cuite à cœur avant de la servir.

1 Saler et poivrer les blancs de poulet et disposer en une seule couche dans une poêle à fond épais. Ajouter le vin, l'ail et l'estragon séché, et assez de bouillon pour les recouvrir. Porter à ébullition, réduire le feu et faire pocher à feu doux 10 minutes, jusqu'à ce que la viande soit cuite à cœur et tendre.

2 Retirer les blancs à l'aide de pinces ou d'une écumoire, couvrir et réserver au chaud. Filtrer le liquide de cuisson, verser dans une poêle propre et retirer la graisse à la surface. Porter à ébullition et faire réduire des deux-tiers.

3 Ajouter la crème épaisse, porter à ébullition, faire réduire de moitié et incorporer l'estragon frais. Disposer les blancs de poulet sur des assiettes chaudes, couper en tranches et napper de sauce. Garnir de brins d'estragon et servir immédiatement.

poulet braisé au vin rouge

⏲ **cuisson : 27 min**   ⏱ **préparation : 2 min**   **pour 4 personnes**

VALEURS NUTRITIONNELLES	
Calories	.423
Protéines	.41 g
Glucides	.15 g
Lipides	.20 g
Acides gras saturés	.5 g

Très coloré et parfumé, ce plat ne nécessite que peu d'accompagnement. Une salade, du pain de campagne et un verre du même vin que celui utilisé pour la cuisson.

INGRÉDIENTS

3 cuil. à soupe d'huile d'olive

4 blancs de poulet de 140 g chacun, sans la peau

1 oignon rouge, émincé

2 cuil. à soupe de pistou rouge au basilic

300 ml de bon vin rouge charpenté (Corbières, Madiran, Cahors…)

300 ml de bouillon de poulet (*voir* p. 13) ou d'eau

sel et poivre

115 g de raisins rouges, sans pépins et coupés en deux

variante

Ce plat peut se faire avec n'importe quel morceau de poulet, mais la cuisson de ceux comportant des os sera plus longue à l'étape 3.

conseil

Si le temps manque, coupez la viande en fines tranches ou en petits cubes, faites-la cuire à cœur à l'étape 1 et ne la faites pas pocher à l'étape 3. Assurez-vous qu'elle est bien cuite avant de la servir.

1 Chauffer 2 cuillerées à soupe d'huile d'olive dans une poêle à fond épais ou une sauteuse. Ajouter la viande et faire revenir 3 minutes à feu moyen, jusqu'à ce qu'elle soit bien dorée. Retirer de la poêle et réserver.

2 Chauffer le reste d'huile dans la poêle. Ajouter le pistou et l'oignon et cuire à feu doux 5 minutes, en remuant de temps en temps jusqu'à ce que l'oignon soit tendre. Verser le vin et le bouillon et porter à ébullition sans cesser de remuer.

3 Remettre la viande dans la poêle ou la sauteuse et saler et poivrer selon son goût. Couvrir et laisser frémir 15 minutes, jusqu'à ce que la viande soit bien tendre. Ajouter le raisin et chauffer 1 minute. Disposer dans des assiettes de service chaudes et servir immédiatement.

coquelets rôtis

pour 4 personnes   **préparation : 15 min** ◔   **cuisson : 12 min** 🍳

*Un recette idéale si vous n'avez pas le temps de faire rôtir
un poulet car ces délicieux coquelets sont simplement
ouverts en deux et grillés.*

INGRÉDIENTS

4 coquelets

55 g de beurre

1 cuil. à soupe de jus de citron

**1 cuil. à soupe de persil frais haché,
un peu plus en garniture**

1 cuil. à soupe d'estragon frais haché

sel et poivre

mesclun, en accompagnement

VALEURS NUTRITIONNELLES

Calories 470

Protéines . . . . .39 g

Glucides . . . . .0 g

Lipides . . . . .35 g

Acides gras saturés . . . . . .15 g

variante

Pour une sauce plus épicée, remplacez
les aromates dans le beurre fondu
par 1 cuillerée à soupe de moutarde,
1 de paprika et 1 de sauce Worcester.

conseil

Il est possible de piquer
les coquelets sur des brochettes.
Piquez dans une aile et ressortez
dans la cuisse du côté opposé.
Répétez symétriquement
l'opération avec l'autre
brochette.

1 Préchauffer le gril
à haute température.
Si les coquelets sont ficelés,
retirer le fil. Ouvrir sur la
longueur à l'aide de cisailles
à volaille ou de ciseaux de
cuisine de chaque côté du
bréchet et retirer. Poser les
coquelets ouverture dessous,
et aplatir à la main ou à l'aide
d'un rouleau à pâtisserie.
Pour qu'ils restent plats, piquer

2 brochettes d'une aile à l'autre
et d'une cuisse à l'autre.

2 Faire fondre le beurre,
enduire les coquelets
et réserver le reste. Arroser
de jus de citron, parsemer
de persil et d'estragon et saler
et poivrer selon son goût.

3 Disposer les coquelets
sur une grille avec

lèchefrite, côté peau vers le
haut, et cuire au gril 6 minutes,
jusqu'à ce qu'ils soient dorés.
Retourner, enduire de beurre
restant et faire griller encore
6 minutes, jusqu'à ce qu'ils
soient cuits à cœur. Disposer
sur des assiettes chaudes et
retirer les brochettes. Garnir
de quelques brins de persil
et servir immédiatement avec
du mesclun.

poissons et fruits de mer

Les poissons, sains, savoureux, vite prêts, se mettent à toutes les sauces : ce sont les meilleurs amis du cuisinier pressé. Les nutritionnistes recommandent d'en manger au moins deux fois par semaine. La splendide collection de savoureuses recettes qui suit vous donnera envie de suivre leurs conseils. Des plus classiques, toujours appréciées, telle la truite aux amandes (voir p. 120), la sole meunière (voir p. 126) ou les crevettes au curry (voir p. 140) aux recettes modernes, plus originales, comme le poisson pané cajun (voir p. 118), la lotte au pamplemousse rose (voir p. 122) ou les moules à la catalane (voir p. 144) et des plats de tous les jours, haddock à l'écossaise (voir p. 121) et morue méditerranéenne (voir p. 128) aux plus sophistiqués pour repas de fête, comme le homard thermidor (voir p. 134), sans oublier bien sûr les indétrônables moules marinières (voir p. 143), toutes régaleront vos convives et jamais ils ne croiront que vous les avez cuisinées en quelques minutes en rentrant du travail.

Le monde entier est source d'inspiration, aussi les recettes représentent-elles des pays aussi lointains que les États-Unis, le Pakistan, la Thaïlande, le Mexique ou plus près de nous l'Italie et l'Écosse, sans oublier la France. Toutes sortes de poissons et fruits de mer entrent dans leur composition, du cabillaud à la lotte et des coquilles Saint-Jacques au saumon. Quels que soient vos goûts, des crevettes balti (voir p. 141) au copieux haddock gratiné au fromage (voir p. 116), et de l'élégante simplicité du saumon à la crème de cresson (voir p. 124) jusqu'au crabe à la créole relevé (voir p. 136), votre table vous vaudra une réputation de gastronome.

églefin gratiné au fromage

cuisson : 12 à 15 min   préparation : 15 min   pour 4 personnes

VALEURS NUTRITIONNELLES
Calories 386
Protéines . . . . .43 g
Glucides . . . . .8 g
Lipides . . . . .21 g
Acides gras saturés . . . . . .10 g

*Plutôt que de les accompagner d'une béchamel au fromage,
les filets d'églefin sont habillés d'emmental doré.
Une recette idéale pour les enfants.*

INGRÉDIENTS

2 cuil. à soupe d'huile d'olive,
un peu plus pour huiler

4 filets d'églefin de 175 g chacun

zestes et jus de 2 citrons

sel et poivre

115 g d'emmental râpé

4 cuil. à soupe de chapelure blanche

4 cuil. à soupe de crème fraîche

4 gousses d'ail, finement hachées

GARNITURE

quartiers de citron

brins de persil frais

variante

Remplacez l'églefin par des filets
de poisson blanc, cabillaud, lieu, colin,
merlu, merlan… selon vos préférences.

conseil

Veillez à ne pas faire trop cuire
le poisson. Il est à point dès
que sa chair est opaque sur
pratiquement toute l'épaisseur
et qu'il se délite facilement.

1 Préchauffer le four
à 200 °C (th. 6-7).
Huiler un plat allant au four
et disposer les filets de poisson
en une seule couche. Arroser
de quelques gouttes de jus
de citron et saler et poivrer
selon son goût.

2 Dans une terrine,
mélanger l'huile d'olive,
le fromage, la chapelure, l'ail,
la crème fraîche, les zestes
de citron et 6 cuillerées à soupe
de jus de citron restant. Saler
et poivrer selon son goût.
Répartir la préparation obtenue
sur les filets de poisson.

3 Cuire au four préchauffé,
10 à 15 minutes jusqu'à
ce que le poisson soit cuit
à cœur. Transférer dans
des assiettes chaudes, garnir
de quartiers de citron
et de brins de persil et servir.

poisson pané Cajun

pour 4 personnes   **préparation : 10 min**   **cuisson : 6 à 8 min**

Contrairement à ce qu'on pourrait imaginer, cette délicieuse recette Cajun très en vogue n'a rien de traditionnel puisqu'elle est née à la fin du vingtième siècle.

INGRÉDIENTS

1 cuil. à café de poivre noir

1 cuil. à café de graines de fenouil

1 cuil. à café de poivre de Cayenne

1 cuil. à café d'origan séché

1 cuil. à café de thym séché

3 gousses d'ail, finement hachées

2 cuil. à soupe de polenta

4 filets de lotte d'environ 175 g chacun, sans la peau

3 cuil. à soupe d'huile de maïs

GARNITURE

lanières de zestes de citron vert

citron vert, coupé en deux

VALEURS NUTRITIONNELLES

Calories	.225
Protéines	.29 g
Glucides	.7 g
Lipides	.10 g
Acides gras saturés	.1 g

---

variante

Utilisez cette panure avec du poulet. Recouvrez 4 blancs de poulet sans la peau de 175 g chacun et faites-les frire 3 minutes de chaque côté.

---

conseil

Pour une saveur plus épicée, frottez le poisson avec le mélange d'épices cajun et laissez reposer 15 minutes. Reprenez la recette à l'étape 3.

1 Concasser grossièrement le poivre à l'aide d'un pilon dans un mortier et mélanger avec les graines de fenouil, l'origan, le thym, le poivre de Cayenne, l'ail et la polenta sur une assiette.

2 Passer les filets de lotte dans le mélange d'épices de sorte qu'il soient bien enrobés en retirant l'excédent de panure.

3 Chauffer l'huile de maïs dans une poêle à fond épais. Ajouter le poisson et faire frire 3 à 4 minutes jusqu'à ce qu'ils soient tendres et cuits à cœur. Servir accompagné des zestes et des moitiés de citron verts.

truite aux amandes

L'élégance simple et les saveurs raffinées de cette association classique sont la clé de sa popularité. Servie avec des pommes de terre et des fleurettes de brocolis, elle fera un plat délicieux en toute occasion.

INGRÉDIENTS

40 g de farine

sel et poivre

2 truites de 350 g chacune, vidées et nettoyées

55 g de beurre

25 g d'amandes mondées

2 cuil. à soupe de vin blanc sec

VALEURS NUTRITIONNELLES

Calories 700

Protéines . . . . .59 g

Glucides . . . . .18 g

Lipides . . . . .44 g

Acides gras saturés . . . . . .19 g

variante

Si vous préférez, vous pouvez également remplacer la truite par du saumon.

1 Étaler la farine sur un grand plat et saler et poivrer selon son goût. Passer la truite dans la farine de sorte qu'elle soit bien enrobée et retirer l'excédent.

2 Faire fondre la moitié du beurre dans une poêle à fond épais. Ajouter les truites et cuire à feu moyen 3 minutes de chaque côté, jusqu'à ce qu'elles soient tendres et cuites à cœur. Transférer sur des assiettes chaudes, couvrir et réserver au chaud.

3 Faire fondre le beurre restant dans la poêle. Ajouter les amandes et faire dorer 2 minutes, en remuant fréquemment. Ajouter le vin et porter à ébullition 1 minute. Répartir les amandes et la sauce sur les truites et servir immédiatement.

haddock à l'écossaise

cuisson : 20 min　　　**préparation : 5 min**　　　**pour 4 personnes**

Ce plat, traditionnellement préparé avec un petit haddock entier fumé à froid après avoir été plongé dans la saumure, peut très bien être réalisé avec des filets sans colorant.

VALEURS NUTRITIONNELLES

Calories	320
Protéines	33 g
Glucides	8 g
Lipides	19 g
Acides gras saturés	10 g

INGRÉDIENTS

500 g de haddock , sans la peau
et coupé en morceaux

225 ml de lait

125 ml de crème liquide

25 g de beurre

poivre

4 œufs

conseil

Recherchez du haddock non coloré. D'une teinte plus naturelle, il a plus de saveur et est plus sain. Vous en trouverez dans les grandes surfaces et les poissonneries.

1 Préchauffer le four à 180 °C (th. 6). Mettre le poisson dans un plat allant au four. Verser le lait et la crème dans une casserole, saler, poivrer selon son goût, ajouter le beurre, et faire fondre à feu doux. Verser le mélange obtenu sur le poisson.

2 Cuire au four préchauffé, 20 minutes jusqu'à ce que le poisson soit tendre.

3 Porter une casserole d'eau à ébullition. Casser un œuf dans une tasse, et faire pocher 3 à 4 minutes jusqu'à ce que le blanc soit pris mais le jaune toujours liquide. Retirer et égoutter en enlevant les filaments de blanc si nécessaire. Pocher les œufs restants selon le même procédé, disposer sur le poisson et servir.

lotte au pamplemousse rose

cuisson : 15 min   **préparation : 10 min**   **pour 4 personnes**

VALEURS NUTRITIONNELLES

Calories 380

Protéines . . . . .33 g

Glucides . . . . .22 g

Lipides . . . . .23 g

Acides gras saturés . . . . . .13 g

La lotte est un poisson toujours apprécié pour son goût délicat, son absence de petites arêtes agaçantes et la consistance de sa chair, proche de celle la viande.

INGRÉDIENTS

25 g de beurre

800 g de filets de lotte, coupés en morceaux

2 cuil. à soupe de jus de citron

sel et poivre

3 carottes, coupées en fines rondelles

jus de 2 pamplemousses roses

4 cuil. à soupe de crème fraîche épaisse

100 ml de fumet de poisson (*voir* p. 13)

1 cuil. à soupe d'huile de tournesol

pamplemousse rose, coupé en tranches, en garniture

variante

Remplacez le fumet de poisson par du bouillon de poulet (*voir* p. 13), et le pamplemousse par une grosse orange, selon son goût.

conseil

La lotte est généralement vendue sans la peau, mais il reste souvent une membrane grise autour de la chair. Retirez-la avant de découper et de cuire le poisson.

1 Faire fondre la moitié du beurre dans une poêle à fond épais. Arroser le poisson de jus de citron, saler et poivrer selon son goût. Mettre dans la poêle et cuire 2 à 3 minutes de chaque côté.

2 Faire fondre le beurre restant dans une grande casserole. Ajouter les carottes et cuire à feu doux 10 minutes, jusqu'à ce qu'elles soient tendres. Ajouter la crème, le jus de pamplemousse, le fumet de poisson et l'huile et laisser frémir 5 minutes. Retirer du feu et laisser tiédir.

3 Verser le mélange obtenu dans un robot de cuisine et mixer jusqu'à obtention d'une purée lisse. Saler et poivrer selon son goût. Répartir la sauce obtenue sur quatre assiettes chaudes, ajouter les morceaux de lotte, garnir de tranches de pamplemousse et servir.

saumon à la crème de cresson

pour 4 personnes | **préparation : 5 min** | **cuisson : 20 min**

Autrefois très cher et luxueux, le saumon est aujourd'hui très répandu et bon marché grâce à l'élevage en fermes aquacoles. Si vous avez la possibilité de vous offrir du saumon sauvage, faites-le car il a une saveur et une texture incomparables.

INGRÉDIENTS

300 ml de crème épaisse

2 cuil. à soupe d'aneth frais haché

25 g de beurre

1 cuil. à soupe d'huile de tournesol

4 filets de saumon de 175 g chacun, sans la peau

1 gousse d'ail, finement hachée

100 ml de vin blanc sec

1 botte de cresson, finement haché

sel et poivre

VALEURS NUTRITIONNELLES

Calories 535

Protéines . . . . .35 g

Glucides . . . . .4 g

Lipides . . . . .40 g

Acides gras saturés . . . . . .15 g

variante

À défaut de cresson, remplacez par la même quantité de roquette ou de jeunes feuilles d'épinard.

conseil

L'aneth, à la saveur délicatement anisée, s'accorde très bien avec le poisson et particulièrement le saumon. Comme il ne supporte pas les hautes températures, ajoutez-le en fin de cuisson ou en garniture.

1 Verser la crème épaisse dans une casserole et porter à ébullition à feu doux. Retirer du feu, ajouter l'aneth et réserver.

2 Faire fondre le beurre avec l'huile de tournesol dans une poêle à fond épais. Mettre les filets de saumon

et cuire à feu moyen 4 à 5 minutes de chaque côté jusqu'à ce qu'ils soient cuits à cœur. Retirer de la poêle, couvrir et réserver au chaud.

3 Ajouter l'ail dans la poêle et cuire 1 minute, en remuant fréquemment. Verser le vin blanc, porter à ébullition et laisser réduire. Ajouter

la crème épaisse à l'aneth et laisser épaissir 2 à 3 minutes.

4 Ajouter le cresson et cuire jusqu'à ce qu'il commence à flétrir. Saler et poivrer selon son goût. Disposer le saumon sur des assiettes de service chaudes, napper de sauce au cresson et servir immédiatement.

sole meunière

cuisson : 12 min　　**préparation : 5 min**　　**pour 4 personnes**

VALEURS NUTRITIONNELLES

Calories 363

Protéines . . . . .36 g

Glucides . . . . .28 g

Lipides . . . . .14 g

Acides gras saturés . . . . . . .5 g

variante

Une variante classique consiste à servir des légumes sautés, poivron rouge, aubergine, courgette, concombre… en accompagnement.

Plutôt que de masquer sa saveur subtile et délicate avec une sauce trop riche, mieux vaut préparer la sole simplement. Dans cette recette, elle est juste poêlée dans du beurre.

INGRÉDIENTS

225 ml de lait

115 g de farine

sel et poivre

700 g de filets de sole

25 g de beurre

1 à 2 cuil. à soupe d'huile de tournesol

2 cuil. à soupe de persil frais haché

quartiers de citron, en garniture

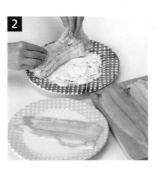 

conseil

Même si elles se ressemblent, il ne faut pas confondre la sole et la limande-sole. Si cette dernière résiste mal à la comparaison, c'est dommage car sa chair a malgré tout un goût agréable.

1 Verser le lait dans un grand plat peu profond. Étaler la farine sur une grande assiette plate et saler et poivrer selon son goût.

2 Tremper le poisson dans le lait et passer dans la farine en retirant l'excédent.

3 Faire fondre le beurre et l'huile de tournesol dans une poêle à fond épais. Cuire les filets, à feu doux, en plusieurs fois, 2 à 3 minutes de chaque côté, jusqu'à ce qu'ils soient légèrement dorés et réserver au chaud. Saupoudrer de persil, garnir de quartiers de citron et servir.

morue à la méditerranéenne

pour 4 personnes   **préparation : 10 min**   **cuisson : 15 min**

Parfait exemple de la saine cuisine méditerranéenne que préconisent les nutritionnistes, ce plat a de plus un goût fabuleux. À servir avec une salade croquante pour un déjeuner d'exception.

INGRÉDIENTS

400 g de tomates concassées en boîte

1 gousse d'ail, finement hachée

1 cuil. à soupe de pâte de tomates séchées au soleil

1 cuil. à soupe de Pernod

1 cuil. à soupe de câpres, rincées et égouttées

55 g d'olives noires dénoyautées

4 steaks de cabillaud de 175 g chacun

150 ml de vin blanc sec

1 feuille de laurier

½ cuil. à café de poivre noir en grains

1 fine lanière de zeste de citron

brins de persil plat frais, en garniture

VALEURS NUTRITIONNELLES

Calories	219
Protéines	. . . . .33 g
Glucides	. . . . .7 g
Lipides	. . . . .4 g
Acides gras saturés	. . . . . . .1 g

conseil

Utilisez un économe pour obtenir une fine lanière de zeste de citron. Cette recette contient du persil plat, plus parfumé que le frisé, en garniture.

1 Mettre les tomates, l'ail, les câpres, les olives, le Pernod et la pâte de tomates dans une casserole. Saler et poivrer selon son goût et chauffer à feu doux, en remuant de temps en temps.

2 Disposer le poisson en une seule couche dans une poêle à fond épais. Ajouter le vin, la feuille de laurier, le poivre, le zeste de citron et porter à ébullition. Réduire le feu, couvrir et laisser frémir

10 minutes jusqu'à ce que le poisson soit bien cuit.

3 Disposer le poisson sur un plat de service à l'aide d'une pelle à poisson. Filtrer le liquide de cuisson dans

le mélange à base de tomates et porter le tout à ébullition 1 à 2 minutes, jusqu'à ce que le liquide réduise et épaississe. Napper le poisson de sauce, garnir de brins de persil plat et servir immédiatement.

raie au beurre noir

⏱ **cuisson : 10 à 15 min**   ⏱ **préparation : 5 min**   **pour 4 personnes**

Le nom de cette recette est trompeur. Un beurre noirci est brûlé et immangeable. Il doit en fait prendre une couleur brun clair s'harmonisant avec la chair délicate de la raie.

VALEURS NUTRITIONNELLES	
Calories	229
Protéines	. . . . .21 g
Glucides	. . . . .2 g
Lipides	. . . . .12 g
Acides gras saturés	. . . . . . .7 g

INGRÉDIENTS

675 g d'ailes de raie

600 ml de fumet de poisson
(*voir* p. 13)

225 ml de vin blanc sec

sel et poivre

55 g de beurre

2 cuil. à soupe de jus de citron

2 cuil. à café de câpres,
rincées et égouttées

2 cuil. à soupe de persil frais haché

conseil

La raie n'est pas meilleure quand on vient de la pêcher, mais 2 ou 3 jours plus tard. Elle peut prendre une odeur d'ammoniac, qui s'en ira en la rinçant et l'essuyant. Si l'odeur est prononcée, ne l'achetez pas.

1 Mettre les raies dans une poêle à fond épais ou une casserole, ajouter le fumet de poisson, le vin et saler et poivrer selon son goût. Porter à ébullition, réduire le feu, couvrir et laisser frémir 10 à 15 minutes jusqu'à cuisson complète du poisson.

2 Faire fondre le beurre à feu très doux dans une autre poêle à fond épais et cuire à feu très doux, jusqu'à ce qu'il soit doré mais en évitant qu'il noircisse. Ajouter le jus de citron, les câpres et le persil et cuire encore 1 à 2 minutes.

3 À l'aide d'une pelle à poisson, disposer les raies sur un plat de service, napper de beurre noir et servir.

vivaneau Veracruz

pour 4 personnes   **préparation : 5 min**   **cuisson : 25 min**

Une des recettes les plus populaires au Mexique, véritable régal pour les yeux et les papilles, qui sera idéale pour un repas entre amis.

INGRÉDIENTS

4 filets de vivaneau

sel et poivre

2 cuil. à soupe de jus de citron vert

125 ml d'huile de maïs

1 oignon, haché

2 gousses d'ail, finement hachées

675 g de tomates pelées et concassées

1 feuille de laurier

1 pincée de marjolaine séchée

55 g d'olives vertes, dénoyautées et coupées en deux

2 cuil. à soupe de câpres, rincées et égouttées

2 piments verts au vinaigre, rincés, épépinés et émincés

55 g de beurre

3 tranches de pain de mie, sans la croûte

variante

Remplacez le vivaneau par des filets de rouget-barbet et l'huile de maïs par une huile d'arachide ou de tournesol selon son goût.

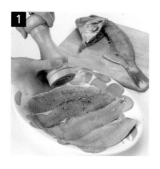

conseil

Arroser le poisson de jus de citron vert ou de citron le rend plus tendre, mais évitez de le laisser longtemps dans le jus sinon il commence à cuire.

1 Disposer les filets de poisson dans un plat non métallique. Saler et poivrer selon son goût, arroser de jus de citron, laisser mariner et réserver.

2 Chauffer l'huile de maïs dans une poêle à fond épais et faire revenir l'oignon et l'ail 5 minutes, en remuant de temps en temps, jusqu'à que l'oignon soit tendre. Ajouter les tomates concassées et laisser mijoter 10 minutes, en remuant de temps en temps, jusqu'à ce que le mélange épaississe. Ajouter le laurier, la marjolaine, les olives, les câpres, les piments et les filets de poisson et cuire 10 minutes, jusqu'à ce que le poisson soit tendre.

3 Faire fondre le beurre dans une autre poêle. Couper le pain en triangles, faire dorer 2 à 3 minutes de chaque côté et égoutter sur du papier absorbant. Retirer le laurier de la préparation et disposer les poissons sur un plat de service chaud. Garnir de pain frit et servir.

brochettes de noix de Saint-Jacques

pour 4 personnes   **préparation : 10 min**   **cuisson : 8 min**

On fait souvent trop cuire les Saint-Jacques, qui deviennent alors caoutchouteuses. Pourtant, elles sont parfaites pour les cuisiniers débordés et pressés. Ce plat, des plus faciles à réussir au gril ou au barbecue, sera idéal pour 4 personnes ou fera une entrée pour huit.

INGRÉDIENTS

48 noix de Saint-Jacques préparées,
décongelées si nécessaire
jus d'un citron
24 tranches de prosciutto
huile d'olive, pour enduire
mesclun
poivre
quartiers de citron, en garniture

VALEURS NUTRITIONNELLES

Calories 498

Protéines . . . . .80 g

Glucides . . . . .8 g

Lipides . . . . .16 g

Acides gras saturés . . . . . . .5 g

conseil

Pour ce plat, utilisez des noix de Saint-Jacques sans corail. Celui-ci s'utilise dans d'autres types de préparations.

1 Préchauffer le gril à température moyenne. Arroser les Saint-Jacques de jus de citron. Couper le jambon en lanières, enrouler autour des noix et piquer 3 à 4 noix sur chaque brochette.

2 Enduire les Saint-Jacques d'huile d'olive, disposer sur une plaque de four et passer au gril préchauffé, 4 minutes de chaque côté, jusqu'à ce qu'elles soient tendres et opaques.

3 Faire un lit de mesclun sur des assiettes et répartir les Saint-Jacques sur chaque assiette. Poivrer selon son goût, garnir de quartiers de citron et servir.

Saint-Jacques et crevettes au beurre citronné

🕐 **cuisson : 8 à 9 min**   🕐 **préparation : 10 min**   **pour 4 personnes**

*Les fruits de mer et le citrons ont une affinité naturelle.
Ce plat sera aussi délicieux que vous parfumiez le beurre avec
du citron ou du citron vert. Les crevettes entières sont
plus décoratives, mais vous pouvez aussi les décortiquer.*

VALEURS NUTRITIONNELLES	
Calories 337	
Protéines . . . . .25 g	
Glucides . . . . .13 g	
Lipides . . . . .23 g	
Acides gras saturés . . . . . .13 g	

INGRÉDIENTS

**12 noix de Saint-Jacques préparées,
décongelées si nécessaire
12 crevettes tigrées crues
lanières de zeste et jus d'1 citron
1 jaune d'œuf
6 cuil. à soupe de beurre fondu
1 cuil. à soupe d'aneth frais ciselé
ou de persil frais haché
sel et poivre
2 oignons rouges, coupés en quartiers
huile d'olive, pour enduire**

conseil

Avant d'utiliser des brochettes
en bois, les tremper 30 minutes
dans l'eau chaude, les égoutter
et les essuyer. Ainsi elles ne
brûleront pas lors de la cuisson
au gril ou au barbecue.

1 Préchauffer le gril à
température moyenne.
Mettre les Saint-Jacques
et les crevettes dans un plat
non métallique peu profond,
ajouter la moitié du zeste
et la moitié du jus de citron
et bien mélanger.

2 Dans une terrine, battre
le jaune d'œuf avec
les zestes et le jus de citron

restants. Sans cesser de battre,
incorporer progressivement
le beurre, 1 cuillerée à café
à la fois et continuer de battre,
jusqu'à obtention d'une
consistance de mayonnaise.
Incorporer l'aneth et saler
et poivrer selon son goût.

3 Enduire les quartiers
d'oignons d'huile d'olive
et les passer 5 minutes au gril

en retournant une fois. Piquer
les crevettes et les Saint-Jacques
sur des brochettes en bois
trempées au préalable, et cuire
au gril 1 à 2 minutes de chaque
côté, jusqu'à ce que les Saint-
Jacques soient opaques
et que les crevettes rosissent.

4 Retirer les brochettes,
disposer les fruits
de mer sur un plat de service.

Disposer les quartiers d'oignon
autour des fruits de mer, napper
de beurre citronné et servir.

homard thermidor

cuisson : 15 min **préparation : 15 min** **pour 4 personnes**

VALEURS NUTRITIONNELLES	
Calories	570
Protéines	............38 g
Glucides	............15 g
Lipides	.............34 g
Acides gras saturés	......19 g

Un tant soit peu extravagante, mais cette recette est idéale pour une occasion très spéciale. Succès garanti !

INGRÉDIENTS

2 homards de 750 g chacun

55 g de beurre

1 échalote, hachée

25 g de farine

300 ml de lait

1 cuil. à café ½ de cerfeuil frais haché

1 cuil. à café d'estragon frais haché

1 cuil. à café ½ de persil frais haché

2 cuil. à café de moutarde de Dijon

sel et poivre

6 cuil. à soupe de vin blanc sec

3 cuil. à soupe de crème fraîche épaisse

4 cuil. à soupe de parmesan frais râpé

GARNITURE

rondelles de citron

brins de persil frais

variante

Le homard Newburg a une sauce plus riche. Remplacez le vin par du Madère et les herbes par ¼ de cuil. à café de poivre de Cayenne.

conseil

Pour les rendre encore plus appétissantes, badigeonnez les demi-carapaces de homard de quelques gouttes d'huile d'olive si vous le désirez.

1 Préchauffer le gril à température moyenne. Retirer les têtes des homards et garder juste les pinces. Les casser à l'aide d'un petit marteau et retirer la chair. À l'aide d'un couteau tranchant, ouvrir les queues en deux et les déveiner. Retirer la chair et réserver. Nettoyer les demi-carapaces en les grattant sous l'eau courante et les laisser sécher à l'envers sur du papier absorbant. Couper la chair en tranches de 2,5 cm.

2 Faire fondre le beurre dans une casserole. Ajouter l'échalote et cuire 4 à 5 minutes à feu doux, jusqu'à ce qu'elle soit tendre. Ajouter la farine en pluie et cuire 2 minutes, sans cesser de remuer. Retirer du feu et incorporer progressivement le lait. Remettre sur le feu, porter à ébullition et cuire, sans cesser de remuer, jusqu'à ce que la sauce soit épaisse et lisse.

3 Réduire le feu, ajouter la moutarde et les herbes et saler et poivrer selon son goût. Retirer du feu et ajouter le vin et la crème fraîche en battant. Remettre sur le feu et laisser frémir jusqu'à ce que le mélange épaississe. Ajouter la chair de homard et chauffer 2 à 3 minutes.

4 Répartir la préparation dans les demi-carapaces, saupoudrer de parmesan râpé et cuire au gril, jusqu'à ce que le fromage soit bien gratiné. Garnir de persil et de rondelles de citron et servir.

pour 6 personnes   **préparation : 10 min**   **cuisson : 20 min**

Pour cette recette utilisez de la chair de crabe fraîche, en boîte ou surgelée et décongelée. Si vous l'appréciez, utilisez un tiers de chair brune, au goût plus prononcé, pour deux tiers de chair blanche.

VALEURS NUTRITIONNELLES

Calories 349

Protéines . . . . .18 g

Glucides . . . . .6 g

Lipides . . . . .28 g

Acides gras saturés . . . . . .15 g

INGRÉDIENTS

3 œufs durs, écalés

1 cuil. à café de moutarde de Dijon

85 g de beurre

¼ de cuil. à café de poivre de Cayenne

3 cuil. à soupe de xérès sec

1 cuil. à soupe d'aneth frais ciselé

400 g de chair de crabe

125 ml de crème fraîche épaisse

3 oignons verts, émincés

sel et poivre

55 g de chapelure blanche

variante

Remplacez, selon son goût, le xérès par la même quantité de vin blanc sec et l'aneth frais par du cerfeuil haché.

conseil

Pour des œufs durs parfaits, utilisez-les à température ambiante, portez à ébullition dans une casserole d'eau et faites cuire 12 minutes à petit bouillon. Passez-les sous l'eau avant de les écaler.

1 Préchauffer le four à 180 °C (th. 6). Séparer les blancs et les jaunes des œufs durs. Dans une terrine, réduire les jaunes en purée à l'aide d'une fourchette, ajouter la moutarde, 55 g de beurre et le poivre de Cayenne et mélanger jusqu'à obtention d'une pâte. Incorporer le xérès et l'aneth.

2 Émietter la chair de crabe dans une autre terrine, en retirant les morceaux de carapace et de cartilage. Hacher les blancs d'œufs et mélanger à la chair de crabe avec la crème fraîche et les oignons verts. Saler et poivrer selon son goût.

3 Répartir le mélange dans 6 coquilles en céramique résistant à la chaleur. Saupoudrer de chapelure, ajouter les morceaux de beurre restants et cuire au four préchauffé, 20 minutes, jusqu'à ce que le dessus soit bien doré. Servir immédiatement.

crevettes à la sauce aux anchois

cuisson : 15 min   **préparation : 10 min**   **pour 4 personnes**

VALEURS NUTRITIONNELLES

Calories 347

Protéines . . . . .35 g

Glucides . . . . .7 g

Lipides . . . . .20 g

Acides gras saturés . . . . . . .3 g

variante

Remplacez le citron par du citron vert et les tomates concassées par des tomates fraîches pelées, épépinées et hachées.

Prévoyez des serviettes en papier et des rince-doigts d'eau citronnée pour déguster ces délicieuses crevettes et accompagnez-les de pain frais.

INGRÉDIENTS

6 cuil. à soupe d'huile d'olive

4 gousses d'ail, finement hachées

5 filets d'anchois en boîte, égouttés et hachés

3 cuil. à soupe de persil plat frais finement haché

6 cuil. à soupe de vin blanc sec

400 g de tomates concassées en boîte

1 pincée de poivre de Cayenne

sel et poivre

1,5 kg de grosses crevettes crues entières

GARNITURE

quartiers de citron

brins de persil plat frais

conseil

Choisissez toujours des crevettes à l'aspect et au parfum très frais et aux carapaces bien brillantes. Les crevettes tigrées ou les gambas sont idéales pour cette recette.

1 Chauffer l'huile d'olive dans une poêle à fond épais. Ajouter l'ail, les anchois et le persil et cuire 5 minutes, en remuant fréquemment. Ajouter le vin et cuire, sans cesser de remuer, jusqu'à ce que le mélange réduise.

2 Ajouter les tomates et leur jus, le poivre de Cayenne et saler et poivrer selon son goût. Ajouter les crevettes, réduire le feu et laisser frémir 10 minutes, jusqu'à ce que les crevettes rosissent.

3 Répartir les crevettes dans des assiettes chaudes et napper de sauce. Garnir de quartiers de citron et de brins de persil et servir immédiatement.

crevettes au curry à la thaïlandaise

pour 4 personnes **préparation : 10 min**  **cuisson : 10 min**

Des crevettes tigrées cuites dans un mélange parfumé de pâte de curry verte, d'aromates et de lait de coco feront un plat délicieux.

INGRÉDIENTS

2 cuil. à soupe d'huile d'arachide

2 cuil. à soupe de pâte de curry thaï verte

4 feuilles de lime kaffir, ciselées

1 tige de lemon grass, écrasée et finement hachée

450 g de crevettes tigrées, décortiquées et déveinées

225 ml de lait de coco

2 cuil. à soupe de sauce de poisson thaïe

½ concombre, épépiné et coupé en bâtonnets

12 feuilles de basilic frais

4 piments verts, épépinés et émincés

VALEURS NUTRITIONNELLES

Calories	216
Protéines	27 g
Glucides	8 g
Lipides	10 g
Acides gras saturés	2 g

conseil

Le lemon grass, très utilisé dans en Asie du Sud-Est, se trouve parfois en grandes surfaces mais surtout dans les magasins asiatiques. Retirez et jetez l'enveloppe extérieure, écrasez et hachez ou ciselez.

1 Chauffer l'huile dans un wok ou une poêle à fond épais. Ajouter la pâte de curry et cuire, en remuant fréquemment, jusqu'à ce que ses arômes s'exhalent et qu'elle frémisse. Ajouter les feuilles de lime, le lemon grass et les crevettes et cuire encore 2 minutes, jusqu'à ce que les crevettes rosissent.

2 Incorporer le lait de coco, mélanger délicatement et porter à ébullition. Réduire le feu et laisser frémir 5 minutes, en remuant de temps en temps, jusqu'à ce que les crevettes soient tendres.

3 Incorporer la sauce de poisson thaïe, les feuilles de basilic, les piments et le concombre. Transférer le tout dans des assiettes chaudes et servir immédiatement.

crevettes balti

cuisson : 10 min   **préparation : 10 min**   **pour 4 personnes**

Ce curry, extrêmement épicé, n'est pas pour les palais trop sensibles.
À servir avec naan et raïta de concombre pour rafraîchir les papilles.

VALEURS NUTRITIONNELLES

Calories	180
Protéines	. . . . .16 g
Glucides	. . . . .14 g
Lipides	. . . . .10 g
Acides gras saturés	. . . . . . .1 g

INGRÉDIENTS

4 piments verts frais

2 oignons, grossièrement hachés

2 cuil. à soupe de jus de citron

2 cuil. à soupe de coulis de tomates

3 cuil. à soupe de coriandre fraîche

1 cuil. à café de coriandre en poudre

1 cuil. à café de poudre de piment

½ cuil. à café de curcuma en poudre

1 pincée de sel

1 cuil. à soupe d'eau (facultatif)

3 cuil. à soupe d'huile de tournesol

**32 crevettes tigrées, décortiquées
et déveinées**

conseil

Pour la raïta au concombre, battez 300 ml de yaourt et ajoutez ¼ de concombre râpé, un piment frais haché et ¼ de cuillerée à café de cumin en poudre. Salez légèrement et servez très frais.

1 Épépiner, émincer finement 2 piments et les réserver pour la garniture. Mettre les autres entiers, les oignons, le jus de citron, le coulis de tomates, 2 cuillerées à soupe de coriandre fraîche, la coriandre en poudre, la poudre de piment, le curcuma et le sel dans un robot de cuisine et mixer jusqu'à obtention d'une pâte, en ajoutant un peu d'eau si nécessaire.

2 Chauffer l'huile dans un wok ou une poêle à fond épais. Ajouter la pâte à base d'épices et cuire 4 minutes, sans cesser de remuer, jusqu'à ce qu'elle épaississe.

3 Ajouter les crevettes et cuire 4 minutes, sans cesser de remuer, jusqu'à ce qu'elles rosissent. Transférer le tout sur un plat de service chaud, garnir de piments émincés et de brins de coriandre fraîche et servir.

gamberi fritti

pour 4 personnes　　　　**préparation : 5 min** 　　　　**cuisson : 10 min**

Les plats italiens se caractérisent par leur simplicité et la qualité de leurs ingrédients. Les gamberi sont de grosses crevettes méditerranéennes savoureuses, mais toutes les variétés de crevettes peuvent être utilisées.

INGRÉDIENTS

4 cuil. à soupe d'huile d'olive

32 grosses crevettes crues entières

3 gousses d'ail, finement hachés

125 ml de vermouth blanc sec

3 cuil. à soupe de coulis de tomates

sel et poivre

3 cuil. à soupe de persil plat frais haché

VALEURS NUTRITIONNELLES

Calories 209

Protéines . . . . .15 g

Glucides . . . . .5 g

Lipides . . . . .12 g

Acides gras saturés . . . . . .2 g

conseil

Si les crevettes sont cuites dès qu'elles rosissent, les grosses gambas entières peuvent demander un peu plus de temps. Ouvrez une gamba en deux : si la chair est opaque, la cuisson est terminée.

1 Chauffer l'huile dans une casserole. Ajouter les crevettes et cuire à feu vif sans cesser de remuer et de secouer la casserole, jusqu'à ce qu'elles rosissent.

2 Ajouter le vermouth et l'ail et cuire sans cesser de remuer et de secouer la casserole, jusqu'à ce que le liquide de cuisson frémisse.

3 Ajouter le coulis de tomates, saler et poivrer selon son goût et mélanger de sorte que les crevettes soient bien enrobées. Disposer le tout sur des assiettes chaudes, saupoudrer de persil haché et servir immédiatement.

moules marinières

⏱ cuisson : 5 min   ⏱ préparation : 15 min   **pour 4 personnes**

Comme le calvados et le cidre, les moules marinières sont une spécialité normande. Dans notre version de cette recette classique, le vin blanc est remplacé par du cidre.

VALEURS NUTRITIONNELLES

Calories 163

Protéines . . . . .26 g

Glucides . . . . .6 g

Lipides . . . . .3 g

Acides gras saturés . . . . . . .1 g

INGRÉDIENTS

2 kg de moules, nettoyées et ébarbées

300 ml de cidre sec

6 échalotes, grossièrement hachées

1 bouquet garni composé de 3 brins de persil frais, 2 brins de thym frais et 1 feuille de laurier

poivre

pain frais, en accompagnement

conseil

Pour nettoyer les moules, grattez les coquilles sous l'eau courante et décollez les bernacles avec la pointe d'un couteau. Ébarbez-les avec les doigts ou à l'aide d'un couteau.

1 Jeter les moules qui ont la coquille cassée ou qui ne se ferment pas au toucher.

2 Verser le cidre dans un fait-tout ou une grande casserole, ajouter les échalotes et le bouquet garni et poivrer selon son goût. Porter à ébullition à feu moyen. Ajouter les moules et cuire 5 minutes, en secouant la casserole plusieurs fois. Retirer du feu, jeter le bouquet garni et les moules qui sont restées fermées.

3 Répartir les moules dans 4 grandes assiettes creuses à l'aide d'une écumoire.

Incliner le fait-tout, laisser le sable éventuel retomber au fond et verser le liquide de cuisson sur les moules à l'aide d'une cuillère. Servir immédiatement, avec du pain frais.

moules à la catalane

pour 4 personnes   **préparation : 15 min**   **cuisson : 15 min**

Les moules sont ici cuites dans une sauce tomate piquante légèrement épicée. À servir chaudes, froides ou tièdes comme en Catalogne. N'oubliez pas le pain pour saucer.

INGRÉDIENTS

2 kg de moules, nettoyées et ébarbées

5 cuil. à soupe d'huile d'olive

2 oignons, hachés

2 gousses d'ail, finement hachées

4 grosses tomates pelées,

épépinées et concassées

1 feuille de laurier

1 cuil. à soupe de cognac

½ cuil. à café de paprika

sel et poivre

pain frais, en accompagnement

VALEURS NUTRITIONNELLES

Calories	315
Protéines	. . . . .28 g
Glucides	. . . . .20 g
Lipides	. . . . .17 g
Acides gras saturés	. . . . . . .3 g

conseil

Pour choisir les moules, fiez-vous à votre odorat, elles doivent sentir l'iode et avoir des coquilles entières. Évitez les très lourdes, peut-être pleines de sable, et les très légères peut-être mortes.

1 Jeter les moules qui ont la coquille cassée ou qui ne se ferment pas au toucher.

2 Chauffer l'huile dans un fait-tout ou une grande casserole. Ajouter l'ail et l'oignon et cuire à feu doux 5 minutes, en remuant de temps en temps. Ajouter les tomates et le laurier et cuire encore 5 minutes, en remuant de temps en temps.

3 Incorporer le cognac et le paprika et saler et poivrer selon son goût. Augmenter le feu, ajouter les moules, couvrir et cuire 5 minutes, en secouant fréquemment la casserole, jusqu'à ce que les moules soient ouvertes. Retirer du feu, et jeter la feuille de laurier et les moules qui sont restées fermées. Répartir les moules dans 4 grandes assiettes creuses et recouvrir de liquide de cuisson. Servir immédiatement avec du pain frais ou laisser refroidir.

moules parfumées thaïes

⏲ **cuisson : 5 min**　　　　⏲ **préparation : 10 min**　　　　**pour 4 personnes**

Lemon grass, galanga et feuilles de lime donnent un parfum et une saveur unique à ce plat simple et élégant. À servir accompagné d'une sauce pimentée, si vous le désirez.

VALEURS NUTRITIONNELLES

Calories	133
Protéines	. . . . .26 g
Glucides	. . . . .1 g
Lipides	. . . . .3 g
Acides gras saturés	. . . . . . .1 g

INGRÉDIENTS

2 kg de moules, nettoyées et ébarbées

2 tiges de lemon grass, légèrement écrasées

1 morceau de 5 cm de galanga ou de gingembre frais, haché

5 feuilles de lime kaffir, ciselées

3 gousses d'ail

300 ml d'eau

conseil

Le galanga est très utilisé en Asie du Sud-Est. De la famille du gingembre, il est plus relevé que ce dernier. On le trouve dans les magasins asiatiques. À défaut remplacez-le par du gingembre.

1 Jeter les moules qui ont la coquille cassée ou qui ne se ferment pas au toucher.

2 Dans un fait-tout ou une grande casserole mettre les moules, le lemon grass, le galanga, les feuilles de lime, l'ail et l'eau. Saler selon son goût, porter à ébullition, couvrir et cuire à feu vif 5 minutes, jusqu'à ce que les moules soient ouvertes, en secouant fréquemment la casserole ou le fait-tout.

3 Retirer du feu, et jeter les aromates et les moules qui sont restées fermées. Répartir les moules dans 4 grands bols à l'aide d'une écumoire. Incliner le fait-tout ou la casserole, laisser le sable éventuel retomber, et répartir le liquide de cuisson sur les moules à l'aide d'une cuillère. Servir immédiatement.

desserts

Si pour vous le dessert est la cerise sur le gâteau, entamez voracement ce chapitre,

il est pour vous. Les fruits frais et les laitages sont d'indispensables béquilles dans la vie

du cuisinier surmené, mais en manger à tous les repas finit par lasser, et les desserts maison

offrent un changement bienvenu. En famille ou quand vous recevez, ils sont le bouquet final,

le triomphe des saveurs. Chauds ou froids, il en existe des quantités qui se préparent en un rien

de temps. Gâteaux, fritures, crèmes, cheesecakes, et soufflés légers comme l'air se font

en un tour de main, même sans être un fin pâtissier.

Les amateurs de sucré ne résisteront pas au pain perdu au caramel (voir p. 164) ni aux bananes

flambées au sirop d'érable (voir p. 168). Les enfants craqueront pour les beignets de pommes

(voir p. 150) ou l'Alaska aux fraises (voir p. 161) et les palais délicats sur les mets plus sophistiqués

tels le sabayon (voir p. 154) et la douceur au citron (voir p. 162). Nombre de ces recettes

ne nécessitent que quelques minutes en cuisine et se préparent à l'avance. Elles seront parfaites

pour les réceptions. Les desserts froids gagnent à être placés au frais, ne serait-ce que

30 minutes, mais cela ne vous fera pas perdre de temps. Préparez-les avant d'attaquer

la réalisation du plat principal, c'est si rapide, ils refroidiront au réfrigérateur pendant

que vous faites cuire et dégustez le repas.

dessert indien à la mangue

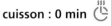

pour 4 personnes **préparation : 10 min** **cuisson : 0 min**

En Inde, les plats ont tendance à être épicés, c'est peut-être pour cela que les cuisiniers proposent souvent à la fin du repas des desserts sucrés, crémeux et rafraîchissants.

INGRÉDIENTS

2 mangues bien mûres

300 ml de crème fraîche épaisse,
un peu plus pour décorer

2 cuil. à café de sucre en poudre

VALEURS NUTRITIONNELLES

Calories 412

Protéines . . . . .2 g

Glucides . . . . .30 g

Lipides . . . . .39 g

Acides gras saturés . . . . . .24 g

variante

Coupez 400 g de goyaves en deux, arrosez-les de jus de citron et évidez la chair à l'aide d'une cuillère. Évitez les kiwis qui font tourner la crème.

1 Sur une planche à découper, poser une mangue sur son côté étroit et découper aussi près que possible du noyau une tranche épaisse dans la longueur. Répéter l'opération de l'autre côté du noyau. Récupérer le reste de chair adhérant au noyau. Réserver quelques fines tranches de chair avec la peau pour décorer. Sans entamer

la peau, former des cubes d'environ 1 cm dans les deux moitiés de la mangue selon des lignes perpendiculaires. Retourner la peau et détacher la chair. Répéter l'opération avec l'autre mangue.

2 Mixer la chair de mangue dans un robot de cuisine jusqu'à obtention d'une purée lisse.

3 Battre la crème avec le sucre jusqu'à ce qu'elle soit bien ferme, et incorporer délicatement la purée de fruits. Disposer dans des coupes à glace, couvrir et réserver au réfrigérateur. Servir le tout décoré de crème fouettée et de tranches de mangues réservées.

poires Somerset

⏱ **cuisson : 20 min**   ⏱ **préparation : 5 min**   **pour 4 personnes**

Utilisez des poires mûres mais fermes pour cette recette. Préférez
les variétés du type Williams, conférence ou abate. À servir
accompagné de glace à la vanille pour clôturer un repas entre amis.

VALEURS NUTRITIONNELLES	
Calories 139	
Protéines . . . . .1 g	
Glucides . . . . .64 g	
Lipides . . . . .0 g	
Acides gras saturés . . . . . . .0 g	

INGRÉDIENTS

225 ml de cidre brut ou doux

55 g de sucre en poudre

zeste et jus d'1 citron

1 pincée de noix muscade,

fraîchement râpée

4 poires

variante

Les poires sont également
délicieuses pochées dans
la même quantité de vin
rouge et de sucre avec
quelques clous de girofle.

1 Verser le cidre dans une
casserole avec le sucre,
le zeste et le jus de citron
et la muscade et chauffer à feu
doux, sans cesse de remuer,
jusqu'à ce que le sucre soit
dissous.

2 À l'aide d'un économe,
peler les poires en
laissant les queues. Mettre

dans la casserole et faire
pocher 15 minutes, en les
retournant fréquemment.

3 Transférer les poires
dans des bols chauds
à l'aide d'une écumoire.
Augmenter le feu et faire
réduire le liquide de cuisson,
en remuant de temps en temps,
jusqu'à obtention

d'une consistance sirupeuse.
Napper les poires de la sauce
obtenue et servir.

beignets de pommes

⏲ cuisson : 8 à 10 min   🕐 préparation : 10 min   pour 4 personnes

Ces succulentes tranches de pommes enrobées d'une pâte à frire croustillante, parfumées de sucre vanillé, deviendront sans aucun doute un des desserts favoris de la famille.

INGRÉDIENTS

huile de tournesol, pour la friture   55 g de farine

1 gros œuf   2 cuil. à café de cannelle en poudre

1 pincée de sel   55 de sucre en poudre

175 ml d'eau   4 pommes, pelées et évidées

variante

Remplacez les pommes par un petit ananas, préparé et coupé en tranches, ou par 4 bananes ; les beignets de bananes sont également délicieux.

conseil

Pour retirer facilement le cœur des pommes le mieux est d'utiliser un vide-pomme. Mettez l'appareil du côté de la queue du fruit en tournant, ressortez-le et jetez le cœur.

1 Verser l'huile dans une friteuse ou une grande poêle et chauffer à 180 °C, un dé de pain doit y dorer en 30 secondes.

2 Battre l'œuf et le sel à l'aide d'un batteur électrique, jusqu'à obtention d'un mélange mousseux et incorporer l'eau et la farine. Ne pas trop travailler la pâte, même s'il subsiste quelques grumeaux.

3 Mélanger la cannelle et le sucre dans une jatte peu profonde. Réserver.

4 Couper les pommes en rondelles de 5 mm. À l'aide d'une fourchette, passer chaque tranche de pomme dans la pâte de sorte qu'elle soit bien enrobée. Cuire les beignets en plusieurs fois dans l'huile, 1 minute de chaque côté, jusqu'à ce qu'ils soient gonflés et bien dorés. Retirer à l'aide d'une écumoire, égoutter sur du papier absorbant et réserver au chaud. Disposer sur un grand plat, saupoudrer de sucre à la cannelle et servir.

gâteau à l'ananas

pour 6 personnes   **préparation : 15 min**   **cuisson : 10 min**

Un délicieux parfum d'ananas et un parfum de rhum.
Une recette qui enchantera vos convives ou votre famille.

INGRÉDIENTS

1 ananas

4 cuil. à soupe de raisins secs blonds

2 cuil. à soupe de raisins secs bruns

4 cuil. à soupe de sirop d'érable

4 cuil. à soupe de rhum blanc

1 jaune d'œuf

1 cuil. à soupe de maïzena

½ cuil. à café d'essence de vanille

¼ de cuil. à café de gingembre râpé

2 blancs d'œuf

2 cuil. à soupe de sucre de canne

VALEURS NUTRITIONNELLES

Calories 240

Protéines . . . . .3 g

Glucides . . . . .100 g

Lipides . . . . .1 g

Acides gras saturés . . . . . . .0 g

variante

Remplacez l'essence de vanille
par de l'extrait, obtenu à partir
des gousses.

conseil

Assurez-vous que vous achetez
du sirop d'érable pur (et non
dilué ou parfumé) et de
l'essence de vanille naturelle
(l'artificielle étant à base d'huile
de girofle).

1 Préchauffer le four à 240 °C (th. 8). À l'aide d'un couteau tranchant, couper le chapeau et les feuilles de l'ananas et une tranche de 2,5 cm à la base et jeter le tout. Couper et retirer la peau par bandes verticales et enlever les yeux. Couper l'ananas en deux moitiés verticales. Retirer le cœur et couper chaque moitié en tranches.

2 Répartir les tranches dans un moule à tarte et parsemer de raisins secs. Arroser de la moitié du sirop d'érable et de la moitié du rhum et cuire au four préchauffé, 5 minutes.

3 Mélanger dans une jatte le sirop d'érable et le rhum restants, le jaune d'œuf, la maïzena, la vanille et le gingembre. Battre les œufs en neige ferme dans une autre jatte. Incorporer 2 cuillerées à soupe de blancs dans le mélange de jaune d'œuf, et incorporer délicatement le reste de blancs en neige.

4 Répartir la préparation sur l'ananas chaud. Saupoudrer de sucre de canne et remettre au four 5 minutes, jusqu'à ce que le dessus soit bien doré. Servir immédiatement.

sabayon

*Ce riche dessert crémeux italien doit être servi immédiatement,
heureusement sa préparation est très rapide.*

INGRÉDIENTS

4 jaunes d'œufs

70 g de sucre en poudre

125 ml de Marsala

VALEURS NUTRITIONNELLES

Calories 115

Protéines . . . . .2 g

Glucides . . . . .28 g

Lipides . . . . .4 g

Acides gras saturés . . . . . . .1 g

variante

Vous pouvez remplacer
le Marsala par du rhum
ou du xérès. Servez avec
des biscuits amaretto.

1 Battre les jaunes d'œufs et le sucre à l'aide d'un batteur électrique dans une jatte résistant à la chaleur, jusqu'à obtention d'un mélange mousseux.

2 Poser la jatte sur une casserole d'eau frémissante en vérifiant que la base de la jatte ne touche pas la surface de l'eau. Incorporer progressivement le Marsala sans cesser de battre, jusqu'à ce que le mélange soit épais, crémeux et prenne du volume.

3 Répartir le sabayon dans 6 verres à vin et servir immédiatement.

pêches grillées à la crème

⏱ cuisson : 4 min   ⏱ préparation : 10 min   pour 4 personnes

Les fruits grillés font d'excellents desserts, par leur préparation rapide et facile, et grâce à leur aspect décoratif et leur goût délicieux.

VALEURS NUTRITIONNELLES	
Calories 280	
Protéines . . . . .4 g	
Glucides . . . . .70 g	
Lipides . . . . .15 g	
Acides gras saturés . . . . . . .9 g	

INGRÉDIENTS

4 grosses pêches

2 cuil. à soupe de sucre brun

½ cuil. à café de cannelle en poudre

300 ml de crème aigre

4 cuil. à soupe de sucre en poudre

1

2

3

conseil

Pour dénoyauter les pêches, incisez-les autour et faites pivoter simultanément les deux moitiés en sens opposé pour les détacher. Avec la pointe d'un couteau retirez le noyau et jetez-le.

1 Préchauffer le gril à température moyenne. Faire blanchir les pêches 1 minute à l'eau bouillante. Rafraîchir à l'eau courante, peler, ouvrir en deux, retirer le noyau et couper en tranches. Disposer dans 4 ramequins résistant à la chaleur.

2 Mélanger le sucre et la cannelle et saupoudrer les pêches. Recouvrir de crème aigre et ajouter 1 cuillerée à café de sucre en poudre dans chaque ramequin.

3 Cuire au gril préchauffé 2 à 3 minutes, jusqu'à ce que le sucre caramélise et fonde. Servir immédiatement ou laisser refroidir.

brochettes de fruits grillés

⏲ cuisson : 10 min

⏱ préparation : 10 min,
macération : 10 min

pour 4 personnes

Économisez votre temps : mélangez la marinade, et placez-y les fruits à mesure que vous les préparez. Préchauffez le gril pendant que les fruits marinent dans un mélange gourmand d'huile de noisette, de jus de citron et de miel.

INGRÉDIENTS

2 cuil. à soupe d'huile de noisette

2 cuil. à soupe de miel liquide

jus et zeste râpé d'1 citron

2 rondelles d'ananas, coupées en deux

8 fraises

1 poire, pelée, évidée
et coupée en tranches épaisses

1 banane, pelée et coupée en tranches
épaisses

2 kiwis, pelés et coupés en quatre

1 carambole, coupée en quatre rondelles

variante

Utilisez d'autres fruits comme
des raisins sans pépins, des tranches
de mangue ou de papaye par exemple.

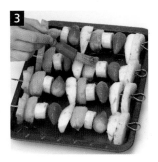

conseil

Il existe différentes qualités
de miel. Les meilleurs miels
sont souvent issus d'une seule
fleur. Pour cette recette,
préférez le miel d'acacia
ou de fleur d'oranger.

1 Préchauffer le gril à
température moyenne.
Mélanger l'huile de noisette, le
miel, le jus et le zeste de citron
dans une jatte peu profonde
non métallique. Ajouter les fruits
et remuer de sorte qu'ils soient
bien imprégnés et laisser
mariner 10 minutes.

2 Piquer les fruits en
alternance sur 4 grandes
brochettes métalliques, en
commençant par un morceau
d'ananas et en terminant par
une tranche de carambole.

3 Enduire les brochettes
de marinade et cuire

au gril préchauffé, 5 minutes
en les badigeonnant souvent
de marinade. Retourner,
badigeonner l'autre côté et
cuire encore 5 minutes. Servir.

fruits en papillotes

pour 4 personnes　　　　**préparation : 15 min** ◴　　　　**cuisson : 10 min**

Les enfants apprécient cette manière amusante de présenter la nourriture, et vous pourrez utiliser leurs fruits favoris. Parfumez-les avec du jus d'orange pour les petits et du Cointreau pour les grands.

INGRÉDIENTS

beurre, pour graisser	2 cuil. à soupe de sucre en poudre
2 pommes	2 cuil. à soupe de jus d'orange
2 bananes	ou de Cointreau
2 oranges	2 cuil. à soupe d'amandes effilées

VALEURS NUTRITIONNELLES

Calories 206

Protéines . . . . .3 g

Glucides . . . . .69 g

Lipides . . . . .6 g

Acides gras saturés . . . . . . .2 g

variante

Utilisez d'autres fruits, fraises équeutées, tranches de melon, de mangue ou papaye, quartiers de mandarine ou de poires…

conseil

Attention en ouvrant les papillotes après cuisson, elles sont extrêmement chaudes. Mieux vaut les laisser tiédir un peu avant de servir.

1 Préchauffer le four à 240 °C (th. 8). Couper quatre grands carrés de papier d'aluminium et beurrer légèrement. Couper les pommes en quartiers et en tranches en laissant la peau. Peler et couper les bananes en rondelles. Peler les oranges en retirant bien la peau blanche et détacher les quartiers.

2 Mettre les fruits dans une jatte et saupoudrer de sucre. Ajouter le Cointreau ou le jus d'orange, parsemer d'amandes effilées et mélanger.

3 Répartir les fruits sur les feuilles d'aluminium et fermer soigneusement les papillotes. Disposer sur une plaque de four et cuire au four préchauffé, 10 minutes. Disposer les papillotes sur des assiettes de service, entrouvrir et servir.

crème brûlée aux raisins

pour 4 personnes   **préparation : 5 min,** refroidissement : 6 heures   **cuisson : 8 min**

La préparation de ce dessert ne prend que quelques minutes, le temps de faire caraméliser la surface, mais il préférable de le servir frais. Dans l'idéal, il vaut mieux le faire entre 2 jours et 6 heures à l'avance.

INGRÉDIENTS

225 g de raisins sans pépins, coupés en deux

225 ml de crème fraîche épaisse

2 cuil. à soupe de cognac

4 cuil. à soupe de sucre en poudre

4 cuil. à soupe de cassonade

VALEURS NUTRITIONNELLES

Calories	379
Protéines	. . . . .1 g
Glucides	. . . . .62 g
Lipides	. . . . .27 g
Acides gras saturés	. . . . . .17 g

variante

Pour une version plus légère, remplacez la crème fraîche épaisse par du yaourt. Utilisez au choix des raisins noirs ou blancs.

1 Réserver 16 moitiés de raisin pour décorer et disposer le reste dans un plat peu profond allant au four.

2 Battre légèrement la crème fraîche, incorporer le cognac et le sucre en poudre et répartir le mélange obtenu sur les raisins. Réserver le tout au moins 6 heures au frais, si possible.

3 Préchauffer le gril à température moyenne. Ajouter la crème, saupoudrer de cassonade et cuire au gril préchauffé, 8 minutes, jusqu'à ce que la surface fasse des bulles et caramélise. Décorer avec les moitiés de raisins réservées et servir.

alaska chaud-froid aux fraises

cuisson : 3 à 5 min   **préparation : 10 min**   **pour 6 personnes**

Tous les enfants adorent, et même les grands ne résistent pas au contraste entre la glace et la meringue chaude de ce classique américain. Faites vous-même la génoise ou achetez-la prête à l'emploi.

VALEURS NUTRITIONNELLES

Calories	464
Protéines	. . . . .9 g
Glucides	. . . . .114 g
Lipides	. . . . .21 g
Acides gras saturés	. . . . . . .9 g

INGRÉDIENTS

1 génoise ronde de 23 cm de diamètre

2 cuil. à soupe de xérès doux
ou de jus d'orange

5 blancs d'œufs

140 g de sucre en poudre

600 ml de crème glacée à la fraise

175 g de fraises fraîches,
coupées en deux

fraises entières, pour décorer

conseil

Pour réussir une meringue, utilisez des œufs à température ambiante. Plus ils seront frais plus le volume de meringue sera important.

1 Préchauffer le four à 240 °C (th.8). Mettre la génoise dans un plat allant au four et arroser de xérès ou de jus d'orange.

2 Dans une jatte, battre les blancs d'œufs en neige assez ferme. Ajouter progressivement le sucre et battre encore en neige ferme.

3 Couvrir la génoise de crème glacée à la fraise et ajouter les moitiés de fraises. Recouvrir toute la surface de meringue et cuire au four préchauffé, 3 à 5 minutes, jusqu'à ce que la meringue commence à dorer. Servir immédiatement décoré de fraises entières.

douceur au citron

pour 4 personnes   **préparation : 10 min**   **cuisson : 0 min**

La pointe d'acidité du citron donne à ce dessert gourmand
une délicieuse saveur rafraîchissante.

INGRÉDIENTS

zeste et jus d'1 gros citron
4 cuil. à soupe de vin blanc sec
55 g de sucre en poudre

300 ml de crème fraîche épaisse
2 blancs d'œufs
rondelles de citron, pour décorer
biscuits langue de chat,
en accompagnement

VALEURS NUTRITIONNELLES

Calories 408

Protéines . . . . .3 g

Glucides . . . . .34 g

Lipides . . . . .36 g

Acides gras saturés . . . . . .23 g

variante

Remplacez le citron par le zeste
et le jus d'une orange, décorez
de rondelles d'orange et servez avec
des biscuits amaretto, si vous préférez.

conseil

Utilisez des œufs extra-frais.
Les œufs crus sont déconseillés
aux jeunes enfants et aux
personnes ayant des problèmes
de santé ou de résistance
immunitaire.

1 Dans une jatte, mélanger le vin, le sucre, le zeste et le jus de citron, jusqu'à ce que le sucre soit dissous. Ajouter la crème fraîche et battre à l'aide d'un batteur électrique, jusqu'à obtention d'une consistance ferme.

2 Battre les œufs en neige dans une autre jatte et incorporer délicatement au mélange à base de crème fouettée.

3 À l'aide d'une cuillère, répartir le mélange dans des verres à pied et réserver au réfrigérateur. Décorer avec les rondelles de citron et servir accompagné de langues de chat.

pain perdu au caramel

⏱ **cuisson : 15 min**   ⏱ **préparation : 10 min**   **pour 6 personnes**

VALEURS NUTRITIONNELLES	
Calories 329	
Protéines . . . . .5 g	
Glucides . . . . .58 g	
Lipides . . . . .20 g	
Acides gras saturés . . . . . .12 g	

variante

À la place de triangles, découpez le pain en différentes formes, languettes ou carrés par exemple.

C'est le dessert idéal pour un dîner en famille hivernal quand le froid et une dure journée de travail vous ont ouvert l'appétit.

INGRÉDIENTS

2 œufs	115 g de beurre
100 ml de lait	1 cuil. à soupe d'huile de tournesol
1 pincée de cannelle en poudre	55 g de sucre de canne
6 tranches de pain de mie, sans la croûte	4 cuil. à soupe de sirop de sucre de canne

conseil

Réservez le pain frit au chaud à température moyenne dans le four pendant la préparation du sirop. Pour un dessert encore plus gourmand, servez-le avec de la crème fouettée.

1 Battre les œufs à l'aide d'une fourchette avec 6 cuillerées à soupe de lait et la cannelle dans une grande jatte peu profonde. Couper le pain en triangles et faire tremper 2 à 3 minutes dans le mélange à base d'œufs, en plusieurs fois si nécessaire.

2 Chauffer la moitié du beurre et de l'huile dans une poêle à fond épais. Ajouter des triangles de pain et faire revenir en plusieurs fois, 2 minutes de chaque côté, jusqu'à ce qu'ils soient dorés, en ajoutant du beurre et de l'huile si nécessaire. Retirer

les triangles de la poêle à l'aide d'une écumoire, égoutter sur du papier absorbant et disposer dans des assiettes. Réserver au chaud.

3 Ajouter le beurre et le lait restants dans la poêle avec le sirop de sucre de canne

et chauffer, sans cesser de remuer, jusqu'à ce que le mélange frémisse. Napper les triangles de pain de sauce au caramel et servir.

cheesecake express à l'abricot

pour 6 personnes

préparation : 15 min,
refroidissement : 40 min

cuisson : 2 à 3 min

Ce gâteau au fromage blanc au parfum délicat ne nécessite aucune cuisson. Vous aurez juste besoin d'abricots en boîte, de gâteaux secs, de fromage blanc et de crème fraîche.

INGRÉDIENTS

425 g d'oreillons d'abricots au sirop
en boîte

350 g de fromage blanc

85 g de sucre en poudre

zeste râpé et jus d'1 citron

1 cuil. à soupe de gélatine en poudre

150 ml de crème fraîche épaisse

FOND

55 g de beurre, un peu plus
pour graisser

115 g de gâteaux secs, écrasés

½ cuil. à café de cannelle en poudre

GARNITURE

oreillons d'abricots, coupés en tranches

amandes effilées

VALEURS NUTRITIONNELLES

Calories 437

Protéines . . . . .12 g

Glucides . . . . .73 g

Lipides . . . . .26 g

Acides gras saturés . . . . . .16 g

variante

Remplacez les abricots par d'autres fruits au sirop comme des pêches, des prunes, des cerises ou des fruits frais.

conseil

Mixez les gâteaux secs dans un robot de cuisine ou mettez-les dans un sac plastique et écrasez-les à l'aide d'un rouleau à pâtisserie.

1 Beurrer un moule à fond amovible de 18 cm de diamètre. Pour la base, faire fondre le beurre à feu doux dans une poêle à fond épais. Retirer du feu, ajouter les gâteaux écrasés et la cannelle. Répartir le mélange au fond du moule, tasser la surface et réserver au réfrigérateur.

2 Égoutter les abricots, en réserver quelques-uns pour décorer et réserver le jus. Mixer les abricots restants dans un robot de cuisine, jusqu'à obtention d'une purée lisse. Transférer dans une jatte, ajouter le sucre, le zeste et le jus de citron et le fromage blanc en le filtrant dans une passoire et battre le tout, jusqu'à obtention d'un mélange lisse et homogène.

3 Verser 2 cuillerées à soupe du jus d'abricots réservé dans une jatte résistant à la chaleur, saupoudrer de gélatine et laisser ramollir quelques minutes. Disposer la jatte sur une casserole d'eau frémissante, remuer jusqu'à dissolution complète de la gélatine et laisser refroidir. Battre la crème fraîche en crème fouettée ferme. Incorporer la gélatine et la crème fouettée dans le mélange à base de fromage blanc et répartir le mélange obtenu sur le fond de biscuit. Mettre le cheesecake au réfrigérateur et laisser prendre. Décorer de tranches d'abricot et d'amandes effilées et servir.

bananes sautées au sirop d'érable

pour 4 personnes   **préparation : 5 min**   **cuisson : 4 min**

Ce dessert est un régal pour les yeux et les papilles. Les plus gourmands le serviront avec de la crème glacée à la vanille ou du yaourt.

INGRÉDIENTS

40 g de beurre

**6 bananes, épluchées
et coupées en biais**

6 cuil. à soupe de sirop d'érable

**4 cuil. à soupe d'amandes effilées,
pour décorer**

VALEURS NUTRITIONNELLES

Calories 376

Protéines . . . . .4 g

Glucides . . . . .116 g

Lipides . . . . .14 g

Acides gras saturés . . . . . .6 g

variante

Remplacez les bananes par d'autres fruits, des rondelles de pommes ou des tranches d'ananas par exemple.

1 Chauffer le beurre dans une poêle à fond épais. Ajouter les bananes et faire revenir 45 secondes de chaque côté.

2 Ajouter le sirop d'érable et cuire encore 2 minutes, jusqu'à ce que les bananes ramollissent.

3 Disposer les bananes sur des assiettes de service chaudes, parsemer d'amandes effilées et servir immédiatement.

délice campagnard danois

⏲ **cuisson : 5 min** ⏱ **préparation : 10 min, refroidissement : 30 min** **pour 6 personnes**

Ce dessert traditionnel danois, fait d'une superposition de couches, est particulièrement décoratif présenté dans un plat transparent.

VALEURS NUTRITIONNELLES	
Calories	539
Protéines	. . . . .4 g
Glucides	. . . . .129 g
Lipides	. . . . .28 g
Acides gras saturés	. . . . . .17 g

INGRÉDIENTS

225 g de pain de seigle intégral, sans la croûte

2 cuil. à soupe de sucre en poudre

25 g de beurre

900 g de compote ou de purée de pommes

225 g de confiture de cassis

300 ml de crème fraîche épaisse

conseil

Ce dessert doit son goût au pain de seigle intégral émietté, à la consistance et au goût particulier, spécialité allemande qu'on trouve dans les grandes surfaces sous le nom de vollkornbrot.

1 Émietter le pain dans un robot de cuisine, mettre dans une jatte, ajouter le sucre et mélanger.

2 Faire fondre le beurre dans une poêle à fond épais, ajouter le pain sucré et

cuire à feu doux 3 à 5 minutes, en remuant de temps en temps, jusqu'à ce qu'il soit croustillant. Retirer du feu et laisser tiédir.

3 Répartir la moitié de la compote de pomme dans un plat en verre, recouvrir

de la moitié de la confiture et de la moitié de mélange à base de pain. Répéter l'opération en terminant par une couche de mélange à base de pain.

4 À l'aide d'un batteur électrique, battre

la crème fraîche en crème fouettée ferme et en recouvrir le gâteau. Réserver au réfrigérateur 30 minutes avant de servir.

soufflé au citron

cuisson : 25 min   **préparation : 5 min**   **pour 6 personnes**

VALEURS NUTRITIONNELLES

Calories 177

Protéines . . . . .7 g

Glucides . . . . .27 g

Lipides . . . . .10 g

Acides gras saturés . . . . . . .5 g

Un soufflé chaud au dessert produit toujours son petit effet. Celui-ci, au citron, rafraîchira tous les palais mais comme tous les soufflés, il se dégonfle s'il n'est pas servi immédiatement alors empressez-vous de le déguster !

INGRÉDIENTS

25 g de beurre, un peu plus pour graisser	zeste râpé et jus d'1 citron
25 g de sucre glace	5 jaunes d'œufs
300 ml de lait	2 cuil. à soupe de sucre en poudre
25 g de farine	6 blancs d'œufs

variante

Si vous préférez, utilisez le zeste râpé et le jus d'une orange à la place du citron.

conseil

Si elle est destinée à être servie à la fin d'un repas lors d'une occasion spéciale vous pouvez préparer cette recette à l'avance jusqu'à la fin de l'étape 2.

1 Préchauffer le four à 180° C (th. 6). Beurrer un moule à soufflé d'une contenance de 1,4 l et saupoudrer le fond et les bords de sucre glace. Verser le lait dans une casserole et chauffer jusqu'à ce qu'il frémisse.

2 Faire fondre le beurre à feu doux dans une casserole. Retirer du feu, verser la farine en pluie et remuer jusqu'à obtention d'une pâte. Incorporer progressivement le lait, remettre sur le feu et cuire 2 minutes, sans cesser de remuer, jusqu'à ce que le mélange soit lisse et épais. Incorporer le zeste et le jus de citron et réserver.

3 Mélanger les jaunes d'œufs et le sucre et faire blanchir le mélange, sans cesser de battre. Incorporer la préparation à base de citron progressivement et par petites quantités.

4 Battre les œufs en neige très ferme dans une jatte et incorporer délicatement à la préparation à base de citron. Transférer dans le moule et cuire au four préchauffé, 20 minutes, jusqu'à ce que le soufflé soit gonflé et doré. Servir immédiatement.

fondue au chocolat

pour 6 personnes   **préparation : 10 min**   **cuisson : 5 min**

Quoi de plus rapide et de plus facile que de laisser vos invités se servir eux-mêmes ? Une recette idéale pour les fondus de chocolat, parfaite après une longue journée de ski.

INGRÉDIENTS

assortiment de fruits frais, pommes, bananes, poires, raisins sans pépins, pêches, agrumes…

jus d'1 citron (facultatif)

génoise ou gâteau de Savoie

225 g de chocolat noir, coupé en morceaux

6 cuil. à soupe de crème fraîche épaisse

2 cuil. à soupe de rhum brun

55 g de sucre glace

VALEURS NUTRITIONNELLES

Calories 698

Protéines . . . . .7 g

Glucides . . . . .153 g

Lipides . . . . .39 g

Acides gras saturés . . . . . .19 g

variante

Remplacez le chocolat noir par du blanc. Variez les fruits : fraises, morceaux de mangue ou d'ananas…

conseil

Faites fondre le chocolat à feu très doux. S'il chauffe trop il noircira et deviendra dur. N'ajoutez jamais d'eau car il prendrait en bloc et serait inutilisable.

1 Couper les fruits en morceaux de la taille d'une bouchée. Arroser les pommes, les bananes et les poires d'un peu de jus de citron pour éviter qu'elles ne noircissent. Découper le gâteau en cubes. Disposer les fruits et le gâteau sur plusieurs plats de service.

2 Mettre la crème et le chocolat dans une casserole et chauffer au bain-marie, sans cesser de remuer, jusqu'à obtention d'une crème homogène et retirer du feu.

3 Incorporer le rhum et le sucre et transférer le mélange dans un caquelon à fondue. Positionner le réchaud à feu doux au centre de la table et poser le caquelon. Accompagner avec les plats de fruits et de gâteau. Chacun pourra piquer le morceau de son choix sur sa fourchette à fondue et le plonger dans le chocolat liquide.

index

index